Jutta Douvitsas-Gamst • Sigrid Xanthos-Kretzschmer • Eleftherios Xanthos

DAS neue DEUTSCHMOBIL

W0317683

Lehrwerk für Kinder

Lehrbuch 1

Ernst Klett Sprachen
Stuttgart

Autoren: Jutta Douvitsas-Gamst, Müllrose
Sigrid Xanthos-Kretzschmer, Athen

Zeichnungen/Layout: Eleftherios Xanthos, Athen

Redaktion: Nicole Nolte

1. Auflage €1 7 6 5 4 3 | 2009 2008 2007 2006 2005

Alle Drucke dieser Auflage können im Unterricht nebeneinander benutzt werden, sie sind untereinander unverändert.
Die letzte Zahl bezeichnet das Jahr des Druckes.

© Ernst Klett Sprachen GmbH, Stuttgart 2003
Alle Rechte vorbehalten.

Das Werk und seine Teile sind urheberrechtlich geschützt. Jede Nutzung in anderen als den gesetzlich zugelassenen Fällen bedarf der vorherigen schriftlichen Einwilligung des Verlages. Hinweis zu § 52 a UrhG: Weder das Werk noch seine Teile dürfen ohne eine solche Einwilligung eingescannt und in ein Netzwerk eingestellt werden. Dies gilt auch für Intranets von Schulen und sonstigen Bildungseinrichtungen.

Internetadresse: www.klett-edition-deutsch.de
E-Mail: edition-deutsch@klett.de

ISBN 3-12-676100-3

Druck: Schnitzer Druck GmbH, Korb
Printed in Germany

ISBN 3-12-676100-3

9 783126 761000

Viel Spaß beim Deutschlernen!

Inhaltsverzeichnis

	Themen, Texte, Situationen	Hör- und Lesestrategien	Grammatik	Lernwege Phonetik
L5 **Daher komme ich** Seite 40	Deutschsprachige Länder, Städte, Sehenswürdigkeiten Zahlen bis 100 Autokennzeichen Auskunft am Telefon geben Alter, Herkunft erfragen, nennen, Interviews machen Spiel: Personen-Quiz	Mit Landkarte arbeiten Hörverstehen: Informationslücken ergänzen, Zahlwörter unterscheiden Zahlwörter mit optischen Hilfen erlesen Text-Bild-Zuordnung	Verben: *mit Vokalwechsel (fahren, lesen, sehen)* Fragen: *Wo? Woher? Wie alt ...?* Ortsangaben: *in, aus* Verneinung: *nicht* Grammatik-Comic: *Die Schlaumeier in Hamburg*	Zahlenbildung erkennen und anwenden Mit Satzmodellen arbeiten: Position von „nicht" Mit der Demo-Tafel arbeiten
L6 **Da wohne ich** Seite 48	Das Haus von Familie Frosch Zimmer und Möbel SOS-Kinderdorf Wienerwald Wohnungssuche Partner interviewen Widersprechen Spiele: Zimmer-Quiz, Möbel-Rap	Text-Bild-Zuordnung Detailliertes Leseverstehen: Satzpuzzle Hörverstehen: Schlüsselinformationen heraushören Anzeigen lesen Mit verteilten Rollen lesen	Verben: *mit Vokalwechsel (essen), sein (Sg., Pl.)* Nomen: *Komposita* Verneinung: *kein-* Grammatik-Comic: *Die Schlaumeier zu Besuch bei Bello*	Mit Piktogrammen arbeiten Aufgabenkontrolle über Lösungswort und Rechenaufgabe Musterdialog fortsetzen Phonetik: Satzakzent, Sinnträger im Satz Mit der Demo-Tafel arbeiten
L7 **Meine Schulsachen** Seite 56	Schulsachen Farben, Eigenschaften Fahrradausflug Hobbyschulen Sachen beschreiben Ratschläge geben Spiel: Frage-Ping-Pong	Hörverstehen: Gegenstände kennen lernen, selektives Erfassen Texträtsel lösen Text-Bild-Zuordnung Schlüsselwörter suchen	Verben: *brauchen, haben* Nomen, Artikel: *Akkusativ (den, einen, keinen, meinen, das, ..., die, ...)* Grammatik-Comic: *Die Schlaumeier im Schwimmbad*	Wortschatz vernetzen: Zuordnung Tätigkeiten und benötigte Dinge Phonetik: Wortakzent Mit der Demo-Tafel arbeiten
L8 **Meine Woche** Seite 64	Willis Wochenplan Wochentage Ordinalzahlen Katherinas Tagesplan Schulfächer, Stundenplan Zeitangaben machen Meinung äußern Lieder: Immer nur Hausaufgaben ...? Jeder singt ...	Hörverstehen: Terminmitteilung im Wochenplan zuordnen, nach Hörtext Fotos zuordnen Leseverstehen: Text mit Piktogrammen lesen und Stundenplan erstellen	Trennbare Verben Zahlwörter: *Ordinalzahlen* Fragen: *Wann?* Zeitangaben: *am ...* Satzklammer: *trennbare Verben* Grammatik-Comic: *Die Schlaumeier im Chaos*	Piktogramme lesen Mit Satzmodellen arbeiten: Satzklammer Mit der Demo-Tafel arbeiten

	Themen, Texte, Situationen	Hör- und Lesestrategien	Grammatik	Lernwege Phonetik
L9 Mein Jahr Seite 72	Willis Kalender; Monate, Jahreszeiten, Datum Feste, Feiertage, Geburtstag, Einladung, Geschenke Zeitpunkt nennen, jmdn. einladen, sich bedanken, Wünsche äußern Spiel: Rätsel Lied: Das Lied von den Jahreszeiten	Leseverstehen: Text nach Bildinformation ergänzen, Texträtsel (Geburtstag), Textpuzzle (Feste und Feiertage) Mit verteilten Rollen lesen Hörverstehen: Satzpuzzle	Verben: *einladen* *wollen, möchten* Pronomen: *man* Zeitangaben: *im ..., vor ..., nach ..., zu ...* Grammatik-Comic: *Die Schlaumeier laden ein*	Mit Partner Sätze bilden: Verbposition Mit Zickzack-Dialog arbeiten Phonetik: Laute *s* und *sch*, Wortakzent Mit der Demo-Tafel arbeiten
L10 Mein Zeit-mobil Seite 80	Uhrzeit, Jahreszahlen Ein Montag bei Familie Berger Termin- und Veranstaltungskalender Käpten Kalles Erzählstunde Ballonfahrt Zeitpunkt/Dauer nennen, sich verabreden Vergangenes berichten	Hörverstehen: Terminmit-teilungen Tätigkeiten zuord-nen Mit Veranstaltungskalender arbeiten Textzeilen angeben und Fotos zuordnen	Verben: *Präteritum* *(haben, sein)* *es gibt (+Akkusativ)* Zeitangaben: *um ..., von ... bis* Fragen: *Wie viel?* Satzmodelle: *Verbposition im Hauptsatz* Grammatik-Comic: *Die Schlaumeier und das Schulmuseum*	Uhrzeit, Jahreszahlen über Farbsignale einüben Mit Satzmodellen arbeiten: Verbposition erkennen Mit der Demo-Tafel arbeiten
L11 Meine Lieb-lings-tiere Seite 88	Willis Tierlexikon Im Zoo, Erlebnis-Zoo Der Elefant Fähigkeiten erfragen und angeben Spiel: Tierrätsel Lied: Was Tiere können	Textinformationen aus Sachtexten in Rätsel verpacken Aussagen thematisch ordnen Hörverstehen: Wer kann was gut? Schlüsselwörter in Fotos auffinden	Modalverben: *können, wollen, möchten* Nomen, Artikel im Plural: *Nominativ* Satzklammer: *Modal-verben* Grammatik-Comic: *Die Schlaumeier im Zoo*	Mit Satzbaukasten, Tabelle arbeiten Pluralformen unterscheiden Mit Satzmodellen arbeiten: Satzklammer Phonetik: weiches/hartes *s* Mit der Demo-Tafel arbeiten
L12 Mit-mach-zirkus Seite 96	Die Zauberschule Zirkus Zimpanelli Schule für Zirkuskinder Anweisungen geben Spiele: Zaubervorstellung, Probe bei Zirkus Zimpanelli	Nach Textanweisung zaubern Hörverstehen: Zirkuspro-gramm feststellen Textformalien im Zeitungstext (Absatz, Zeile, ...)	Verben: *Imperativ* Richtungsangaben: *Wechselpräpositionen mit Akkusativ (auf, hinter, in, neben, über, unter, vor)* Fragen: *Wohin?* Grammatik-Comic: *Die Schlaumeier zeigen Zaubertricks*	Reimen nach Musterversen Phonetik: s-Laute Mit der Demo-Tafel arbeiten

Symbole:

Höraufgabe mit Kassette oder CD

Sprechen mit dem Partner oder in der Klasse

Lesen und Lesestrategien üben

Schreibaufgabe im Heft

Lernspielangebot

AB 5 Anschlussübung im Arbeitsbuch

LEKTION 1

1 *Höre die Namen und lies dann mit deinem Partner.*

AB 1

. = *kurz* _ = *lang*

2 *In welchen Namen sind diese Silben?*

AB 2

NA TI TO RI

MA LE MO UL

3 *Lest die Namenspyramiden von oben und von unten.*

Wer keine Fehler macht, bekommt für jede Pyramide einen Punkt.

meine Punkte ?

4 *Hört die Wörter und lest euch dann gegenseitig vor.*

AB 3

Känguru

Löwe

Möwe

Maus

Biene

Büffel

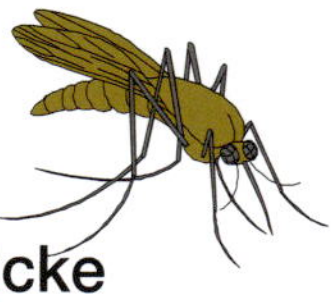
Mücke

Hai

Papagei

Eule

5 *Ergänzt die Tabelle und lest euch dann vor. Ihr könnt auch singen.*

AB 4, 5

	ä	ö	ü	au	ai	ei	eu	ie
m	mä	mö	mü	mau	mai	mei	meu	mie
l	?	?	?	?	?	?	?	?
k	?	?	?	?	?	?	?	?
p	?	?	?	?	?	?	?	?
r	?	?	?	?	?	?	?	?

6 *Was fehlt? Lest euch die Wörter gegenseitig vor.*

AB 6

M ? s   L ? we   K ? nguru   ? le   M ? cke

H ?   B ? ne   B ? ffel   Papag ?   M ? we

Wer keine Fehler macht, bekommt für jedes Wort einen Punkt.

meine Punkte ?

L 1

7 *Hört die Wörter und lest euch dann gegenseitig vor.*

AB 7, 8

Schnecke

Hamster

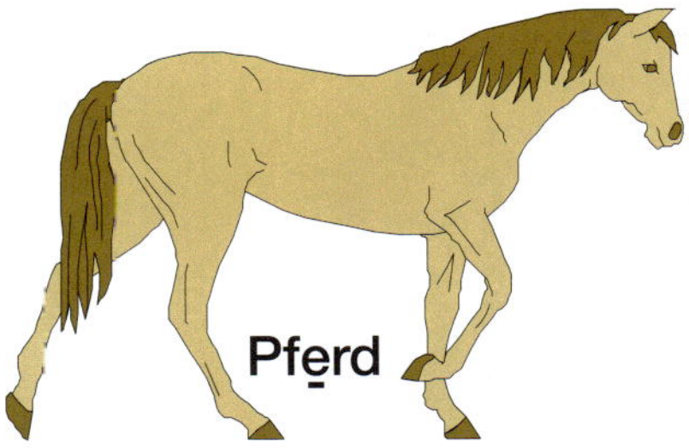
Pferd

Jaguar

Drache

Specht

Qualle

Frosch

Strauß

Vogel

Teddy

Zebra

8 *Ergänzt die Tabellen und lest euch dann vor.*

	a	e	i	o	u
h	ha	he	hi	ho	hu
z	?	?	?	?	?
j	?	?	?	?	?
sch	?	?	?	?	?
qu	?	?	?	?	?
v	?	?	?	?	?
st	?	?	?	?	?
sp	?	?	?	?	?
pf	?	?	?	?	?

	ß	ch	ck	sch
a	aß	ach	ack	asch
au	?	?	?	?
o	?	?	?	?
i	?	?	?	?
u	?	?	?	?
ei	?	?	?	?
ü	?	?	?	?

9 *Welche Tiere leben da? Welche nicht?*

AB 9

10 *Hört zu. Was passt zu wem? Lest euch dann gegenseitig vor.* AB 10, 11

Ananas • Ballett • Banane • Basketball • Boxen • Fußball • Gitarre
Hotel • Kaffee • Kamera • Mikroskop • Musik • Piano • Radio
Salat • Schokolade • Taxi • Telefon • Tennis • Violine

Tourist

Sportler

Biologin

Musiker

11 *Hör zu. Was wird betont?*

		o	u
1.	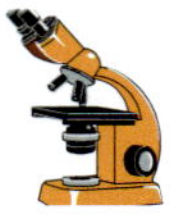	o	-
2.		?	?
3.		?	?
4.		?	?
5.		?	?

		e	i
1.		e	-
2.		?	?
3.		?	?
4.		?	?
5.		?	?

		ö	e
1.		ö	-
2.		?	?
3.		?	?
4.		?	?
5.		?	?

		ü	i
1.		ü	-
2.		?	?
3.		?	?
4.		?	?
5.		?	?

12 *Wie heißen die Wörter? Lest euch gegenseitig vor.*

Ball●tt	F●ßball	Mus●k	Sp●cht
B●ne	L●we	M●siker	Telef●n
B●xen	Mikrosk●p	Pf●rd	T●nnis
B●ffel	M●we	R●ta	Viol●ne
Fr●sch	M●cke	Schn●cke	Z●bra

Für jedes richtige Wort gibt es einen Punkt.

meine Punkte ?

13 *Lesekönigin/Lesekönig: Wer schafft beim Lesen 45 Punkte?*

Zebra
Zabra
Zübra
Zibra
Zobra

Salat
Salet
Salut
Salit
Salüt

Kassette
Kassotte
Kassitte
Kassatte
Kassutte

Maus
Meis
Meus
Mais
Mies

Frosch
Frisch
Frösch
Frusch
Frasch

Schnecke
Schnücke
Schnacke
Schnucke
Schnicke

Tennis
Tonnis
Tännis
Tönnis
Tünnis

Fußball
Feußball
Fießball
Fößball
Faußball

Löwe
Lüwe
Lawe
Leuwe
Luwe

L1

14 *Hört das ABC-Lied und singt mit.*

AB 12

Ä / Äu — Ei / Eu — Ö — Ü

A B C D E F G H I J K L M N O P Q R S T U V W X Y Z

ä / äu — ei / eu — ie — ö — ü

a b c d e f g h i j k l m n o p q r s t u v w x y z

ß = eszet

AB 13, 14

15a *Buchstabiere die Namen.*

Willi we-i-el-el-i	**Frosch** ef-er-o-es-tse-ha	**Milli** em-i-el-el-i	**Frosch** ef-er-o-es-tse-ha	**Dixi** de-i-iks-i	**Xanadu** iks-a-en-a-de-u

Jan
jot-a-en

Verena
fau-e-er-e-en-a

b *Buchstabiere deinen Namen.*

c *Buchstabiere einen Namen aus der Klasse. Die anderen raten.*

ABC-Spiele

16a *Was ist falsch? Macht selbst Alphabet-Rätsel.*

a b d c e ...

j k l m o ...
n

?

b *Findet Wörter und macht selbst Worträtsel.*

Ein Wort mit sch.

Schnecke

Frosch

Ein Wort mit ...

LEKTION 2

1 *Hört bitte zu. Was passt?*

Dialog	A	B	C	D	E	F	G
Bild	?	?	?	?	?	?	?

2 *Hört die Dialoge und sprecht sie nach.* AB 1, 2

3 *Hört zu. Wer wird gegrüßt?*

A̸ Willi

H Marina

I Konstantin

W Lara

D Moni

E Toni

N Lina

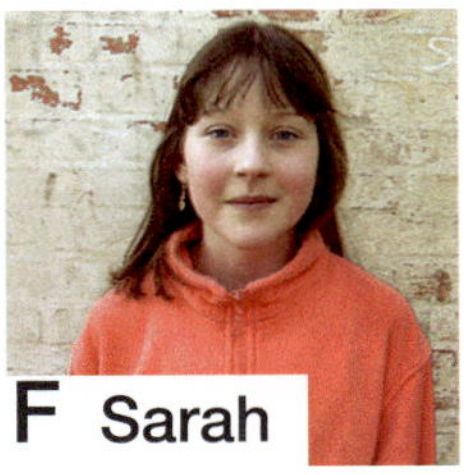
F Sarah

U̸ Milli

R Christian

S Florian

E Mina

E Benjamin

E Bettina

Lösung:

1		2		3		4		5		6		7	
A	U	?	?	?	?	?	?	?	?	?	?	?	?

4 *Sucht einen Partner. Hört die Dialoge noch einmal und sprecht sie nach.*

5 *Spielt Ball. Begrüßt und verabschiedet euch.*

6 *Sucht einen Partner. Macht Dialoge mit dem Computer und spielt sie dann vor.*

AB 3, 4

1.

2.

3.

4.

5.

7 *Hört zu, singt und spielt.*

Schlaumeier-Rap

Hier sind die SCHLAUMEIER
LAUMEIER
AUMEIER
MEIER
U! Und wer bist du?

8 *Macht einen Klassen-Rap mit euren Namen.*

AB 5

9a *Spielt „Wer bin ich?“ wie auf dem Foto.*

Wer bin ich?

Du bist Till.

Nein, wer bin ich?

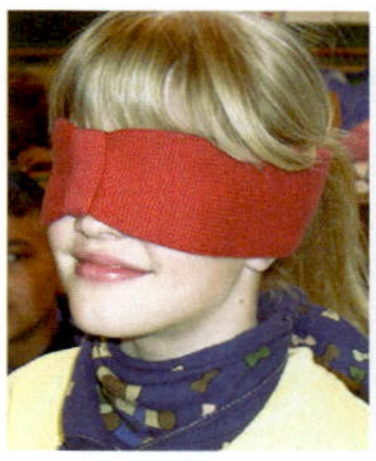

Du bist Anna.

Ja, ich bin Anna.

b *Oder spielt „Wer bin ich?“ wie auf dem Bild.*

Wer bin ich?

Du bist ...

10 *Und wer ist das?*

Das ist ...

L2

11 *Hört die Hexen-Szene und spielt sie nach.*

12 *Welche Laute hörst du: o, u oder ü?*

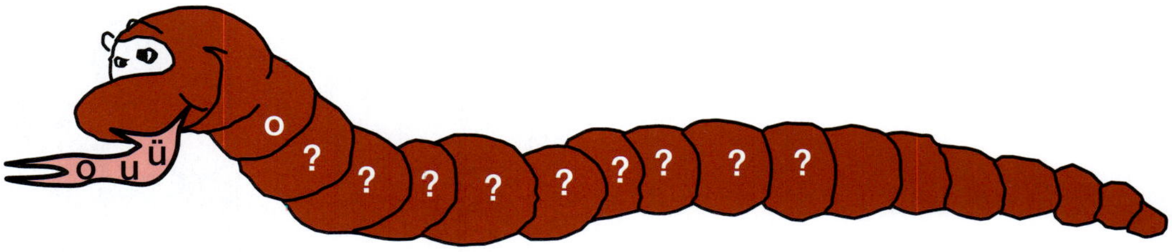

13 *Sucht einen Partner. Macht Dialoge.*

AB 6

Das habe ich gelernt:

Wer bin ich?	Du bist Till.	Wie geht's?	Prima.	Gut.	Schlecht.
Wie heiße ich?	Du heißt Till.		Danke, prima.	Danke, gut.	
Wer bist du?	Ich bin Rosa.				
Wie heißt du?	Ich heiße Rosa.				
Wer ist das?	Das ist Willi.				

14 *Hört die Dialoge. Ergänzt sie und spielt sie nach.* AB 7

A
- ● Guten Abend, Peter!
- ○ Na, wie geht's?
- ● ?. Gute Nacht.

B
- ● Wer ???
- ○ ?? Willi.
- ● Nein, ?? Milli!

C
- ● Guten Morgen, Herr Schlau!
- ○ ?, Anna! ?, Markus!
- ● ??, Herr Schlau?
- ○ Danke, gut.

D
- ● Hallo, ?? Julia. Wie heißt du?
- ○ Hallo, ?? Frank. Wie geht's?
- ● Danke, ?.

15 *Hört den Dialog und spielt ihn nach.* AB 8, 9

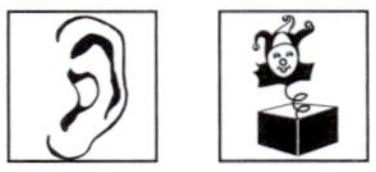

LEKTION 3

1. sie tanzt

2. sie hört Musik

3. sie spielt Tennis

4. er malt

5. er schwimmt

6. sie computert

7. er macht Karate

8. er spielt Fußball

9. sie reitet

10. er macht Musik

Bello - Dixi - Frau Schlau - Willi - Herr Schlau - Milli - Rita - Rosa - Turbo - Willi

1 *Was hört ihr? Schaut die Bilder an und beantwortet die Fragen.* AB 1

Wer tanzt?

Milli tanzt.

2 *Was machen sie? Fragt euch gegenseitig.*

- ● Was macht Rita?
- ○ Sie spielt Tennis.

- ● Was macht Herr Schlau?
- ○ Er malt.

3 *Spiele ein Hobby vor. Wer kann es erraten?*

4 *Wer hat welche Nummer?*

AB 2

Nummer eins ist Milli. Sie tanzt.

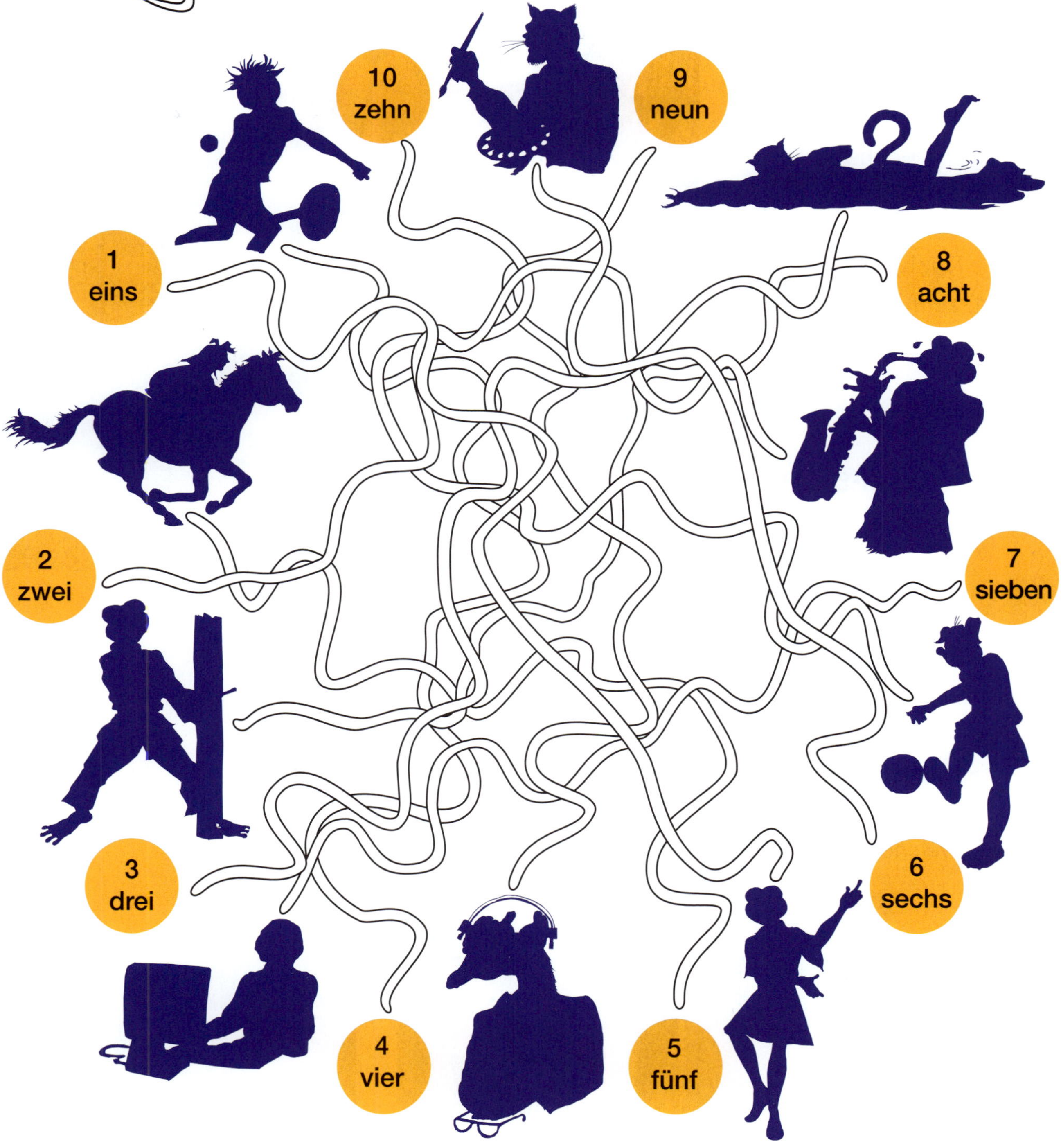

5 *Spielt Zahlen-Bingo.*

AB 3, 4

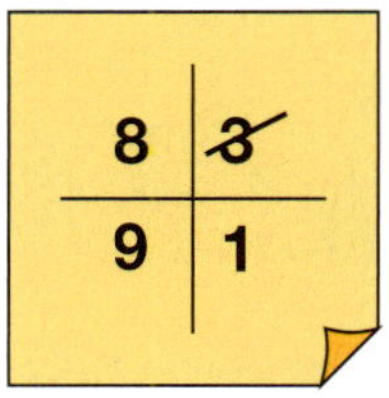

Zahlen-Bingo
Jeder Spieler setzt vier Zahlen zwischen 1 und 10 in das Bingo-Kreuz. Der Spielleiter ruft nun die Zahlen in beliebiger Reihenfolge auf. Wer eine seiner Zahlen hört, streicht sie durch. Wer alle vier Zahlen durchgestrichen hat, ruft „Bingo!“.

L3

6 *Hört die Texte und sprecht sie nach.*

Gute Nacht

Eins, zwei, drei!
Paul, Lisa, Marei!
Vier, fünf, sechs!
Till, Max und Rex!
Sieben, acht!
Gute Nacht!
Neun, zehn!
Schlafen gehen!

Traum-Start

Noch zehn Sekunden
bis zum Start!

Zehn – neun – acht – sieben –
sechs – fünf – vier – drei –
zwei – eins – null – Start!

7 *Welche Zahlen hörst du? Zeig sie auf den Fotos.*

Ratespiele

Basketball spielen

computern

Tennis spielen

schwimmen

telefonieren

malen

Gitarre spielen

klettern

Partys machen

Karate machen

tanzen

reiten

skaten

ins Kino gehen

Fußball spielen

Musik hören

8 *Was machst du gern? Lass die anderen raten.* AB 5

Ratet mal! Was mache ich gern? → Du spielst gern Fußball.

Nein, falsch. → Du machst gern Partys.

Ja, richtig.

9 *Sucht einen Partner. Macht selbst Rätsel wie im Beispiel.*

Was mache ich gern? Reiten oder tanzen? → Du tanzt gern.

Ja, richtig. → Was mache ich gern? Skaten oder schwimmen?

Du skatest gern. → Nein, falsch.

L3

10 *Hör zu. Wer macht was gern?*

AB 6, 7

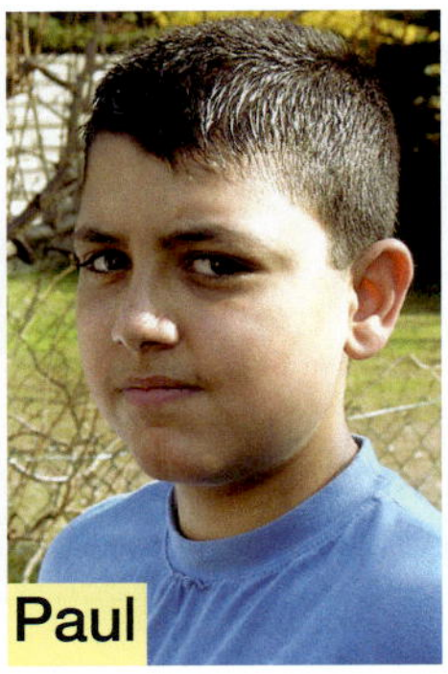

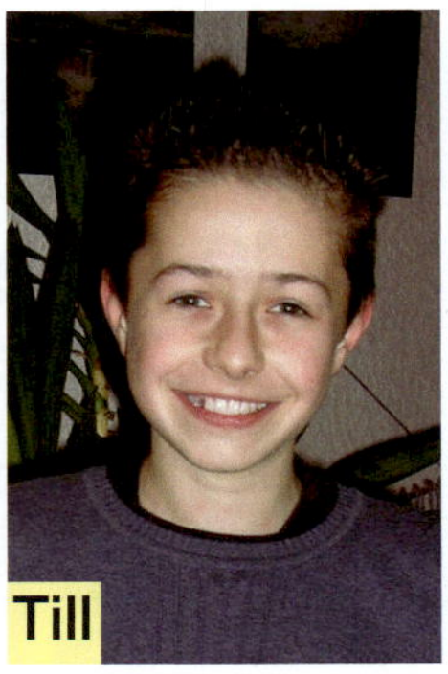

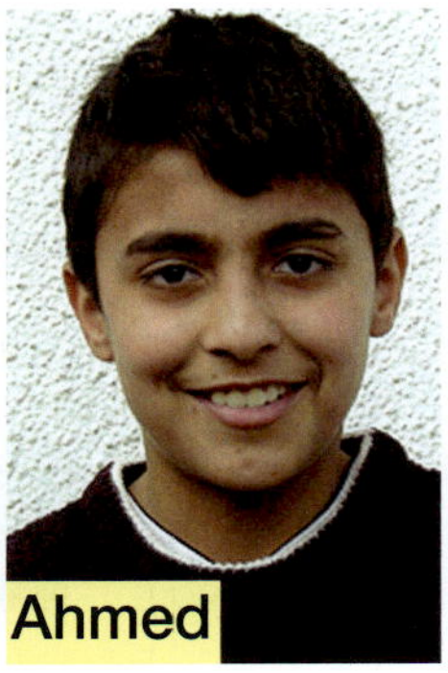

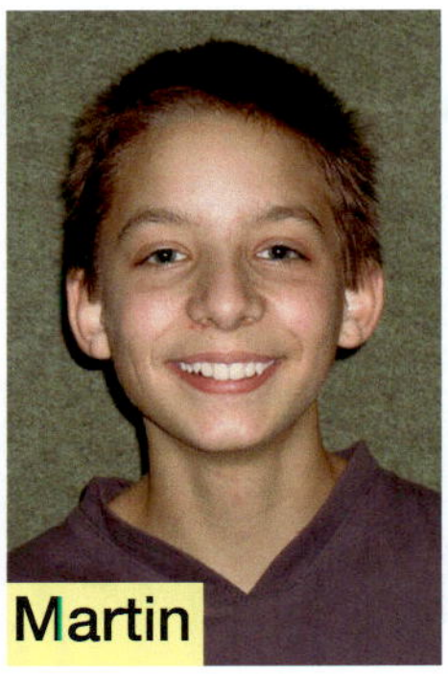

1. Ich computere gern.
2. Ich schwimme gern.
3. Ich reite gern.
4. Ich mache gern Karate.
5. Ich klettere gern.
6. Ich skate gern.
7. Ich tanze gern.
8. Ich spiele gern Tennis.

Anna	Paul	Lisa	Till	Jasmin	Ahmed	Martin	Julia
?	?	?	?	?	?	?	?

11 *Spielt Ball und fragt euch gegenseitig.*

12 *Hört das Lied. Macht selbst Strophen.*

Tanzlied

Ele, mele, manze,
schau mal, wie ich tanze.
Ele, mele, manzt,
schau mal, wie du tanzt.
Ele, mele, manzt,
schau mal, wie er tanzt.
Ele, mele, manzt,
schau mal, wie sie tanzt.

Guten Tag! Guten Tag!
Hallo, wie geht's?
Guten Tag! Guten Tag!
Hallo, wie geht's?
Danke, prima, gut.
Danke, prima, gut.
Danke, prima, gut.
Tschüs! Auf Wiedersehn!

Ele, mele, mehe,
schau mal, wie ich gehe.
Ele, mele, mehst,
schau mal, wie du gehst.
Ele, mele, meht,
schau mal, wie er geht.
Ele, mele, meht,
schau mal, wie sie geht.

Ele, mele, miele,
schau mal, wie ich spiele.
Ele, mele, mielst,
schau mal, wie du spielst.
Ele, mele, mielt,
schau mal, wie er spielt.
Ele, mele, mielt,
schau mal, wie sie spielt.

Malen? Schwimmen? ...

13 *Welche Laute hörst du: e oder i?*

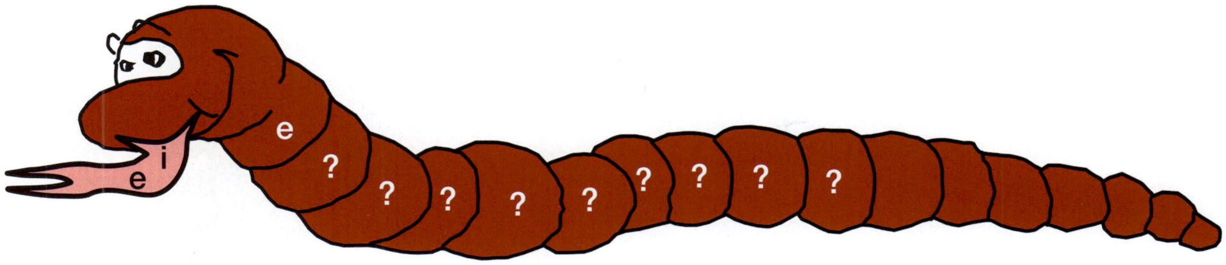

14 *Der Computer ist kaputt. Kannst du Willis E-Mail lesen? Beantworte dann Willis E-Mail.*

Willi.Frosch@ 

Hallo, ich bin Willi Frosch. Ich mache Karate und schwimme gern.

Und hier ist Milli Frosch.  Sie tanzt gern Tango.

Und das sind die Schlaumeier.

 Er heißt Bello und spielt Fußball.

Und das ist Rosa.  Sie computert. Ja, und er heißt Turbo. 

Turbo schwimmt auch gern.  Sie spielt Tennis und heißt Rita.

Und du? Wie heißt du und was machst du gern?

15 *Sucht einen Partner. Macht Dialoge.*

AB 8, 9

Das habe ich gelernt:

Was mache ich (gern)?	spielen	Ja, richtig.	
Was machst du (gern)?	reiten		Nein, falsch.
Was macht er (gern)?	klettern		Nein, falsch.
Was macht sie (gern)?	malen	Ja, richtig.	

Die Schlaumeier in der Schule

Familie Härtel

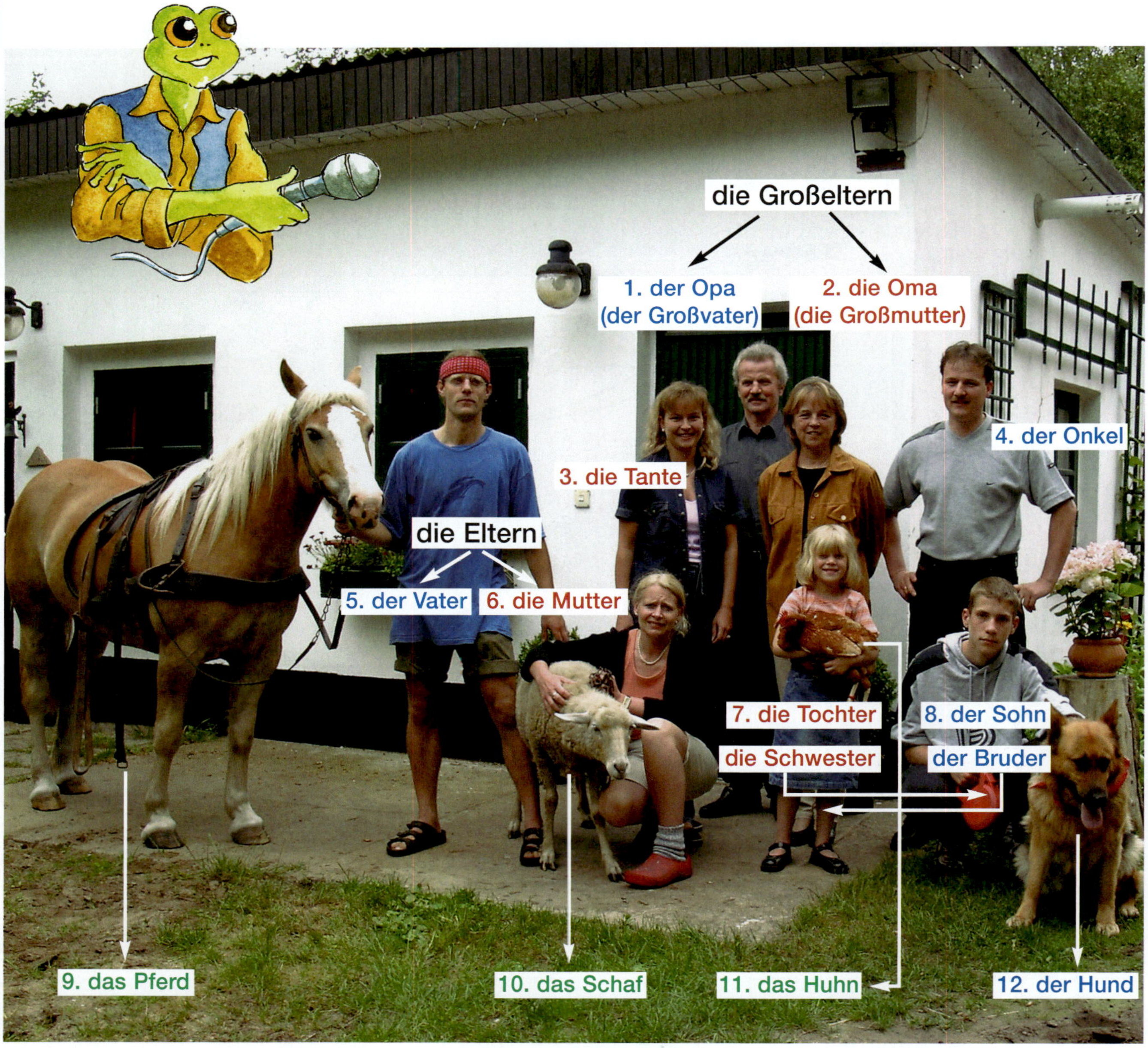

1 *Willi erzählt von Familie Härtel. Hör zu und ordne den Personen die Nummern zu.*

Klaus	Klara	Stefan	Vera	Nina	Bert	Karin	Heidi	Leo	Jule	Bonnie	Jan
?	?	?	?	?	?	?	?	?	?	?	?

2 *Fragt euch gegenseitig.*

AB 1

Wer ist Nummer 4?

Wie heißt die Oma?

3 *Löst die Rätsel.*

AB 2, 3

Sie ist die Frau von Opa.
Wie heißt sie?

Sie ist die Frau vom Onkel.
Wie heißt sie?

Er ist der Vater von Vater.
Wie heißt er?

Sie ist die Mutter von Vater.
Wie heißt sie?

Er ist der Sohn von Oma.
Wie heißt er?

Sie ist die Frau von Vater.
Wie heißt sie?

Sie ist die Schwester vom Sohn.
Wie heißt sie?

Sie ist die Tochter von Vater und Mutter.
Wie heißt sie?

Er ist der Bruder von der Tochter.
Wie heißt er?

Sie sind die Eltern von Vater.
Wie heißen sie?

Wer richtig rät, bekommt einen Punkt.

meine Punkte
?

4 *Hört das Lied und singt mit.*

Wide-Wide-Wenne

1. Wide-Wide-Wenne
heißt meine Puthenne.

Sigismund heißt mein Hund,
Engelbert heißt mein Pferd.

Wide-Wide-Wenne
heißt meine Puthenne.

2. Wide-Wide-Wenne
heißt meine Puthenne.

Nikolaus heißt meine Maus,
Peterlein heißt mein Schwein.

Wide-Wide-Wenne
heißt meine Puthenne.

5 *Was ist das? Die Lösung findest du unten.* AB 4

eine Frau
oder ein Mann?

ein Mädchen
oder ein Junge?

eine Oma
oder ein Kind?

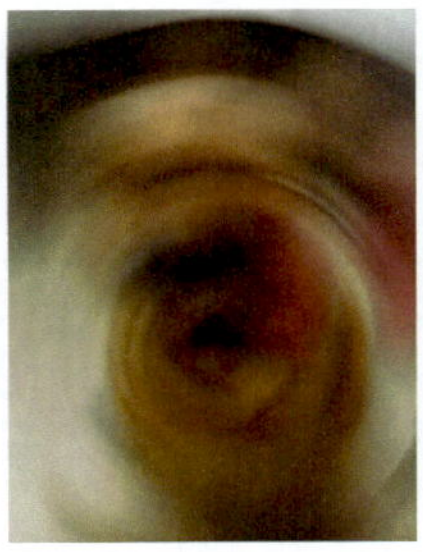

ein Schaf
oder ein Hund?

6 *Was ist das? Fragt euch gegenseitig.* AB 5

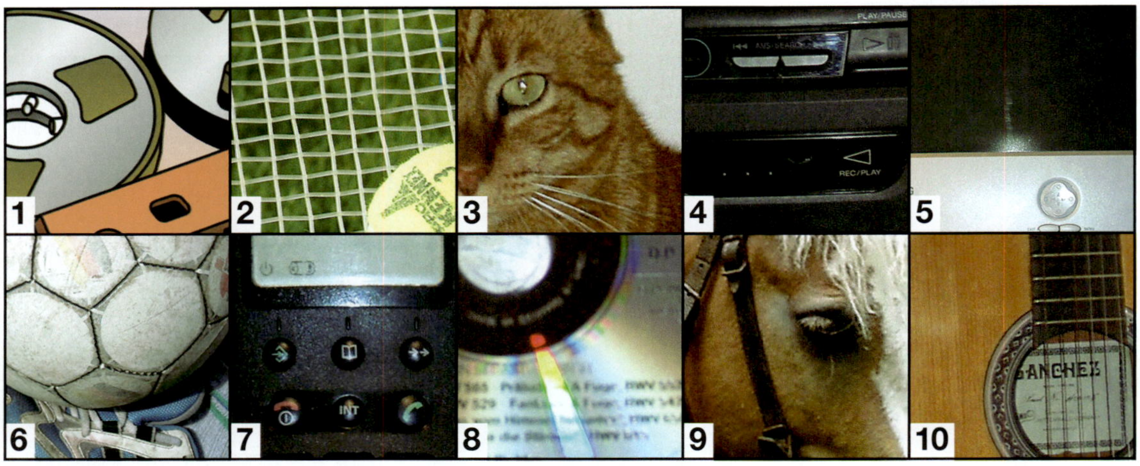

der Computer	die Kassette	das Telefon
die CD	das Pferd	das Radio	die Katze
der Fußball	die Gitarre	der Tennisball

Was ist Nummer 1?

Eine Kassette.

Ja, richtig.

Lösung zu 5

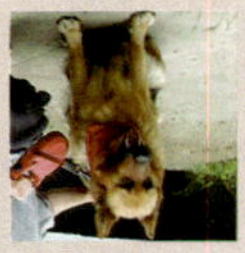

der Hund

das Kind

das Mädchen

die Frau

Besuch bei Oma

7 *Wer ist das wohl?*
Was machen die beiden da?

8 *Hört den Dialog. Wer ist auf den Fotos?*

Mutter	Vater	Oma	Opa	Tante Annika
?	?	?	?	?

9 *Sucht einen Partner. Fragt euch gegenseitig zu den Familienfotos.* AB 6, 7

Wer ist das?
Ist das dein Bruder?
Ist das dein ...?
Ist das deine Tante?
Ist das deine ...?
Sind das deine Eltern?

Fotos von deiner Familie

Das ist ...
Das ist mein Onkel.
Das ist mein ...
Das ist meine Schwester.
Das ist meine ...
Das sind meine Eltern.

10 *Wer gehört zu welcher Familie?*

Familien-Puzzle

	Mutter	Vater	Tochter	Sohn	Oma
1. Familie ?	?	?	?	?	?
2. Familie ?	?	?	?	?	?
3. Familie ?	?	?	?	?	?
4. Familie ?	?	?	?	?	?

11 *Wer macht wohl was gern?*

1. Tanzt Frau Arens gern?
2. Spielt Herr Cormann Fußball?
3. Schwimmt Dirk Demel?
4. Skatet Daniel Berg?
5. Telefoniert Oma Demel gern?
6. Spielt Frau Demel Tennis?
7. Macht Klara Cormann Karate?
8. Macht Frau Berg gern Partys?
9. Geht Herr Demel gern ins Kino?
10. Reitet Franziska Arens?

ja	nein
?	?
?	?
?	?
?	?
?	?
?	?
?	?
?	?
?	?
?	?

12 *Lies nun den Text. Was hast du richtig? Was hast du falsch?*

AB 8

Familien in Berlin

Was sind ihre Hobbys?

Familie Demel wohnt in Berlin-Zehlendorf. Dirk Demel geht jeden Dienstag ins *Blub.* Das *Blub* ist das Badeparadies in Berlin. Dirk schwimmt gern. Seine Eltern machen gern Sport. Herr und Frau Demel spielen Tennis. Und Oma bleibt zu Hause. Oma Demel telefoniert gern und lange.

Familie Berg wohnt in Berlin-Mitte. Dort gibt es viele Kinos – das Hobby von Frau Berg. Frau Berg geht oft und gern ins Kino. Daniel Berg geht jeden Nachmittag auf die Skating-Bahn. Daniel skatet gern. Er ist ein richtiger Champion und hat viele Preise gewonnen.

Familie Cormann wohnt in Berlin-Friedrichshain. Herr Cormann hat wenig Zeit. Doch jeden Samstag spielt Herr Cormann Fußball bei Hertha BSC. Seine Tochter ist auch sehr sportlich. Klara Cormann spielt Basketball. Und da ist sie sehr gut!

Familie Arens wohnt in Berlin-Wannsee. Frau Arens hat ein Pferd. Frau Arens und ihre Tochter Franziska reiten gern. Franziska geht auch zum Ballett. Sie tanzt gern. Sie will Tänzerin werden.

Für jede richtige Antwort bekommst du einen Punkt.

meine Punkte
?

Satzmodelle

1.	Peter	schwimmt		.
2.	Julia	spielt	Tennis	.
3.	Wer	tanzt		?
4.	Wer	spielt	Fußball	?
5.	Wie	heißt	du	?
6.	Was	machst	du	gern ?
7.	Reitet	sie		?
8.	Spielst	du	Gitarre	?

13a *Ordne den Sätzen die Satzmodell-Nummer zu.*

- ? Ich bin Jonas. ↘
- ? Wer bist du? ↘
- ? Ich heiße Julia. ↘
- ? Computerst du? ↗
- ? Ich spiele Basketball. ↘
- ? Was macht dein Bruder gern? ↘

b *Hört zu und sprecht die Sätze dann mit verteilten Rollen.*

- ? Er macht Karate. ↘
- ? Spielt dein Vater Tennis? ↗
- ? Er macht Musik. ↘
- ? Was ist das? ↘
- ? Ist das deine Katze? ↗
- ? Vater spielt Violine. ↘

14 *Sucht einen Partner. Macht ein Interview mit einer Familie aus Berlin.*

AB 9, 10

Das habe ich gelernt:

Bist du Willi?	Ja, richtig.
Ist das dein Hund?	Nein, das ist meine Katze.
Sind das deine Eltern?	Ja, das sind meine Eltern.
Tanzt du gern?	Nein, ich schwimme gern.
Hörst du gern Musik?	Ja.
Reitet dein Bruder gern?	Nein, meine Schwester reitet gern.
Geht deine Schwester gern ins Kino?	Ja, sie geht gern ins Kino.

Die Schlaumeier auf Schloss Morgenstein

Huhuhu, huhuhu,
sein oder nicht sein –
ich bin Felix,
du bist du,
er ist König,
sie ist Königin, huhuhu,
sie sind die Morgensteins.

0	null	15	fünfzehn
...		16	sechzehn
11	elf	17	siebzehn
12	zwölf	18	achtzehn
13	dreizehn	19	neunzehn
14	vierzehn	20	zwanzig

1 *Hör zu. Wer ist wie alt?*

AB 1

2 *Sucht einen Partner. Lest und sprecht über die Kinder.*

AB 2

Er heißt Jan Pause.
Er wohnt in Leipzig.
Er ist neun Jahre alt.
Er liest gern.

Sie heißt Anna Sigalla.
Sie wohnt in Köln.
Sie ist zwölf Jahre alt.
Sie fährt gern Fahrrad.

Sie heißen Tanja und Philipp Hansen.
Sie wohnen in Hamburg.
Sie sind 12 und 13 Jahre alt.
Sie skaten gern.

3 *Was gehört zusammen?*

AB 3

1. Wer wohnt in Berlin?
2. Wo wohnt Martin Weber?
3. Wo wohnen Ben und Katja?
4. Wie heißt das Kind Nummer 10?
5. Wie alt ist Julia Eder?
6. Wie alt sind Tanja und Philipp?
7. Was macht Anna Sigalla gern?
8. Was machen Ben und Katja gern?
9. Was macht Jan gern?

a) Sie fährt gern Fahrrad.
b) Er liest gern.
c) Er wohnt in Frankfurt am Main.
d) Ralf Schulze wohnt in Berlin.
e) Sie sind 12 und 13 Jahre alt.
f) Sie wohnen in München.
g) Sie klettern und reiten.
h) Sie ist elf Jahre alt.
i) Sarah Wagner.

Frage	1	2	3	4	5	6	7	8	9
Antwort	?	?	?	?	?	?	?	?	?

4 *Fragt euch gegenseitig.*

AB 4

Wo liegt Dresden?

In Deutschland.

Wo liegt Salzburg?

In Österreich.

Wo liegt Bern?

In der Schweiz.

5 *Lest die Zahlen und bildet dann auch die fehlenden Zahlen.*

AB 5, 6, 7

13 dreizehn	14 vierzehn	...	16 sechzehn	17 siebzehn ...
20 zwanzig	21 einundzwanzig	...	26 sechsundzwanzig	27 siebenundzwanzig ...
30 dreißig	31 einunddreißig	...	36 sechsunddreißig	37 siebenunddreißig ...

40 vierzig	...	60 sechzig	70 siebzig	...	100 hundert

6 *Hör zu. Was ist richtig?*

1.	? 13	? 30	4.	? 60	? 16	7.	? 75	? 57
2.	? 17	? 7	5.	? 15	? 50	8.	? 11	? 12
3.	? 28	? 21	6.	? 99	? 19	9.	? 38	? 83

7 *Spielt Telefongespräche.*

Schmitz.

Nein,
hier ist 27 87.

Hier ist Leo Schult.
Ist da nicht 27 78?

Macht weiter mit:

Schmitz	Meier	Müller	Berger	Grau	Peters
27 78	95 64	82 31	11 92	38 53	42 71
27 87	95 46	82 13	11 29	38 35	42 17

8 *Woher kommen die Autos? Fragt euch gegenseitig.*

D				A		CH		
B	Berlin	K	Köln	I	Innsbruck	Kanton	BE	Bern
DD	Dresden	L	Leipzig	K	Klagenfurt	Kanton	BS	Basel
F	Frankfurt/Main	M	München	L	Linz	Kanton	LU	Luzern
H	Hannover	S	Stuttgart	S	Salzburg	Kanton	ZH	Zürich
HH	Hamburg			W	Wien			

Woher kommt das Auto B-... 61 69?

Es kommt aus Berlin.

9 *Wer möchtest du sein? Such einen Partner und interviewt euch gegenseitig.* AB 8, 9

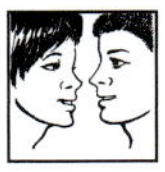

Klaus Störtebeker
ein Pirat
41 Jahre
in Rostock
schwimmen
Deutschland

Maria Theresia
eine Königin
40 Jahre
in Wien
reiten
Österreich

Marlene Friedrich
ein Star
27 Jahre
in Hollywood
tanzen
Deutschland

Wolfgang Amadeus Mozart
ein Musiker
31 Jahre
in Salzburg
Musik machen
Österreich

Wilhelm Tell
ein Schweizer
35 Jahre
in Küssnacht
klettern
Schweiz

Loreley
eine Wasserfrau
18 Jahre
in Bonn
singen
Deutschland

Wie heißt du? • Wie alt bist du? • Was machst du gern?

Wer bist du? • Wo wohnst du? • Woher kommst du?

Das ist meine Stadt

Wien

Hamburg

das Schloss

die Kirche

der Platz

das Schiff

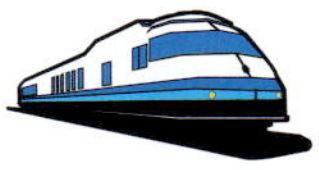
der Zug

München

Köln

der Hafen

die Kutsche

der Fluss, die Brücke

10 *Wer wohnt wo? Ordne die Bilder den Texten zu.*

Tim

Das ist meine Stadt.
Ich wohne in ?.
Der Fluss ist der Rhein.
Hier ist eine Brücke.
Da fährt gerade ein Zug.
Siehst du die Kirche
da hinten? Das ist der Dom.

Jan

Das ist meine Stadt.
Ich wohne in ?.
Hier siehst du eine Kirche.
Das ist die Theatinerkirche.
Der Platz ist der Odeonsplatz.
Da hinten fährt ein Auto.

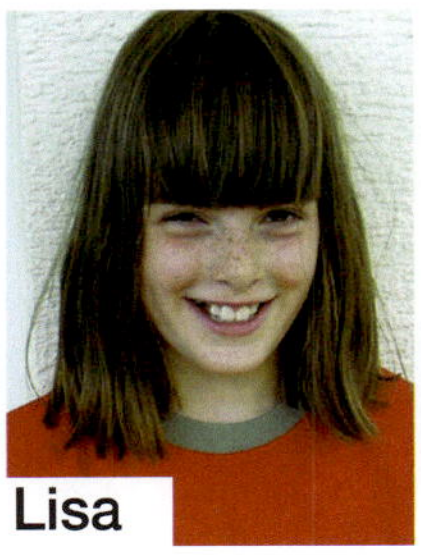
Lisa

Das ist meine Stadt.
Ich wohne in ?.
Der Fluss ist die Elbe.
Da ist der Hafen.
Siehst du das Schiff da vorn?
Es fährt nach Afrika.

Elli

Das ist meine Stadt.
Ich wohne in ?.
Hier siehst du ein Schloss.
Das ist das Schloss
Schönbrunn. Da vorn fährt
eine Kutsche. Die Kutsche
heißt hier Fiaker.

Satzmodelle

1.	Vera	tanzt	nicht.	
2.	Sie	liest	nicht	gern.
	Peter	spielt	nicht	Klavier.
	Ich	komme	nicht	aus Berlin.
3.	Da	fährt	ein Schiff.	

11 *Ordne den Sätzen die Satzmodell-Nummer zu.* AB 10, 11

- ? Das ist das Schloss.
- ? Ich reite nicht.
- ? Du kommst nicht aus Köln.
- ? Du fährst nicht nach Wien.
- ? Sie computert nicht gern.
- ? Sie sind nicht in Basel.
- ? Da sind die Eltern.
- ? Er spielt nicht Fußball.

12 *Bring Fotos von deiner Stadt mit. Such einen Partner und fragt euch gegenseitig zu den Fotos.* AB 12

Das habe ich gelernt:

Wo wohnst du? — In Berlin.
Woher kommst du? — Aus Berlin.
Wie alt bist du? — Ich bin 11 Jahre alt.
Was siehst du? — Ich sehe ein Schloss.
Was fährt da? — Da fährt ein Schiff.

Kommst du aus Bern? — Ich komme nicht aus Bern.

Tanzt du? — Ich tanze nicht.
Reitest du gern? — Ich reite nicht gern.
Spielst du Tennis? — Ich spiele nicht Tennis.

Die Schlaumeier in Hamburg

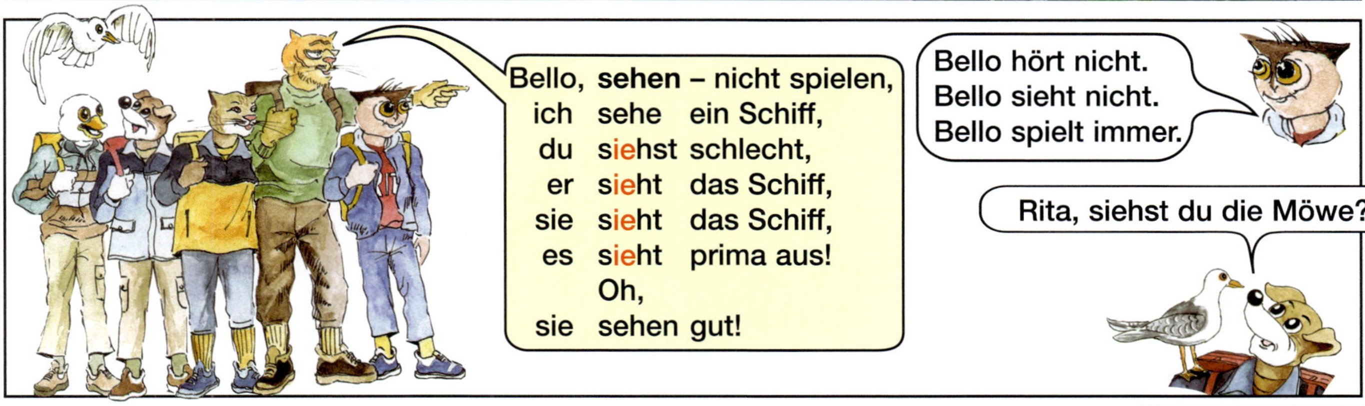

Das Haus von Familie Frosch

1. das Kinderzimmer

2. das Schlafzimmer

3. das Badezimmer

4. das Wohnzimmer

5. die Küche

6. das Esszimmer

1 *Wo passiert das? Ordne die Texte den Zimmern zu.* AB 1

? Vater Frosch duscht und singt ein Lied.

? Mutter Frosch sitzt im Sessel, liest Zeitung und trinkt Kaffee.

? Willi Frosch sitzt am Computer und macht Hausaufgaben.

? Milli Frosch sitzt am Tisch. Sie isst Pizza und trinkt Limo.

? Opa Frosch kocht gern. Heute macht er das Essen. Er kocht Spagetti.

? Oma Frosch hört Musik und macht das Bett.

2 *Sucht einen Partner. Macht selbst Rätsel zum Haus von Familie Frosch.* AB 2, 3

die Pizza • die Dusche
der Tisch • das Radio
das Bett • der Computer
die Katze • das Telefon
das Buch • der Fernseher
der Sessel • der Fußball
das Klavier • die Zeitung

essen • kochen • singen
lesen • Musik hören
duschen • sitzen
das Bett machen
Hausaufgaben machen
Spagetti kochen

Wo kocht Opa Frosch Spagetti?

In der Küche. Wo ist der Computer?

Im Kinderzimmer.

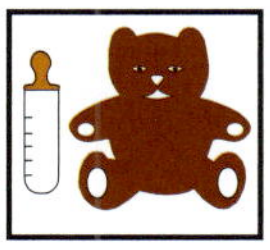
im Kinderzimmer

im Schlafzimmer

im Badezimmer

im Wohnzimmer

im Esszimmer

in der Küche

L6

Zu Besuch im SOS-Kinderdorf Wienerwald

Hier ist das SOS-Kinderdorf Wienerwald in Österreich.
In Österreich gibt es neun SOS-Kinderdörfer.
SOS-Kinderdörfer gibt es in der ganzen Welt.
Im SOS-Kinderdorf Wienerwald leben über 100 Kinder in 25 Familien.
Die Kinder kommen aus ganz Österreich.
Im SOS-Kinderdorf finden sie eine neue Familie.
Jede Kinderdorf-Familie wohnt in einem Einfamilienhaus.

3 *Was gehört zusammen?*

- K Das Kinderdorf heißt ...
- N In 25 Familien leben ...
- E Das SOS-Kinderdorf Wienerwald ist ...
- D In Österreich sind ...
- R Eine Kinderdorf-Familie wohnt ...

- O ... neun SOS-Kinderdörfer.
- F ... in einem Einfamilienhaus.
- I ... Wienerwald.
- D ... über 100 Kinder.
- R ... in Österrreich.

Lösung:

K	?	N	?	E	?	D	?	R	?

4 Was ist richtig? Hör zu und zähle die richtigen Zahlen zusammen. Ihre Summe ist 30.

	5	oder 3 Kinder?
	2	oder 4 Jungen?
	3	oder 2 Mädchen?
	8	oder 9 Zimmer?
	4	oder 5 Kinderzimmer?
	5	oder 1 Schlafzimmer?
	2	oder 1 Wohnzimmer?
	1	oder 2 Esszimmer?
	1	Küche?
	5	oder 2 Badezimmer?
+	1	Garten?
=	30	

5a So ist es bei Franziska zu Hause. Lest bitte.

Und was macht ihr hier?
Seid ihr oft alle zusammen?

Wir sind oft zusammen.
Wir machen Musik. Wir singen.
Wir sehen Filme im Fernsehen.
Wir machen Partys und tanzen.
Und wir spielen gern.

b Und wie ist es bei euch zu Hause?
Sucht einen Partner und fragt euch gegenseitig.

AB 4, 5

Partys machen • tanzen • duschen
Musik hören • lesen • kochen • essen
singen • schlafen • computern • malen
spielen • Filme sehen • Musik machen
Hausaufgaben machen

Wo schlaft ihr?

Wir schlafen im Schlafzimmer und im Kinderzimmer.

Was macht ihr im Wohnzimmer?

Wir ...

Das Zimmer von Willi Frosch

6a *Hört den Dialog von Willi und Dixi, lest und spielt mit verteilten Rollen.*

Willi: Ist **der** Tisch nicht toll?
Dixi: Das ist **ein** Tisch? Quatsch!
Das ist doch **kein** Tisch.
Hier ist **ein** Tisch.

Willi: Ist **das** Regal nicht prima?
Dixi: Das ist **ein** Regal? Quatsch!
Das ist doch **kein** Regal.
Hier ist **ein** Regal.

Willi: Ist **die** Lampe nicht fantastisch?
Dixi: Das ist **eine** Lampe? Quatsch!
Das ist doch **keine** Lampe.
Hier ist **eine** Lampe.

b *Setzt den Dialog von Willi und Dixi fort.*

AB 6, 7

der Stuhl

die Kommode

das Radio

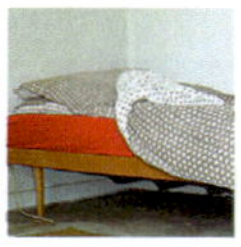
das Bett

der Teppich

die Bank

die Uhr

der Sessel

der Schrank

das Fahrrad

die Badewanne

das Sofa

7 *Sprecht und ergänzt den Zimmer-Rap und setzt ihn fort.* AB 8

Hip-hop und wimmer,
das ist im Zimmer,
im Wohnzimmer:
Hip-hop und wett,

ein Sessel, ein Sofa, kein Bett.

Hip-hop und wusche,

ein …, eine …, keine …

Hip-hop und wüche,
das ist in der Küche,
in der Küche:
Hip-hop und wanne,

eine …, ein …, keine …

Hip-hop und weppich,

… , … , …

8 *Lies bitte. Welche Wohnung nimmt Familie Arens wohl?* AB 9

Familie Arens sucht eine Wohnung mit Balkon.
Sie möchte zwei Kinderzimmer, ein Schlafzimmer
und ein Wohnzimmer.

Wohnungsmarkt

Berlin-Wedding
3-Zimmer-Wohnung
4. Stock, Balkon, Zentralheizung,
Keller, Garage
5 Min. zur S-Bahn
zum 1. Januar
Tel.: 030-21471000
von 16-21 Uhr

Wohnen am Treptower Park
4. Stock, Loggia, Blick ins Grüne,
großes Wohnzimmer mit Kamin,
Esszimmer, 3 Schlafzimmer,
Zentralheizung
E-Mail: wohnen@de.com

Berlin-Mitte
20. Stock, Süd-Balkon
4-Zimmer-Wohnung
2 Badezimmer, große Küche,
Garage, Zentralheizung
Tel.: 030-27915637

Charlottenburg
4-Zimmer-Wohnung
Erdgeschoss
Zentralheizung, Garten,
zentrale Lage
Miete (kalt): 865 Euro
Tel.: 030-31726050, ab 10 Uhr

9a *Hör zu. Was wird betont?*

Wo ist Willi?

1. Ist Willi im Kinderzimmer?	Nein, er ist nicht im Kinderzimmer.
2. Spielt Willi im Garten?	Nein, Milli spielt im Garten.
3. Ist Oma auch im Garten?	Nein, sie ist in der Küche.
4. Schläft Willi im Schlafzimmer?	Er schläft nicht im Schlafzimmer.
5. Hört Willi Musik?	Nein, Willi singt.
6. Ist Willi nicht im Wohnzimmer?	Nein, er ist im Badezimmer.
7. Was singt Willi da?	Willi singt den Badezimmer-Rap.

b *Lies den Dialog mit deinem Partner.*

10 *Sucht einen Partner. Macht Dialoge.*

Das habe ich gelernt:

Was macht ihr?	Wir spielen.		
Wo spielt ihr?		Im Kinderzimmer.	
Wo esst ihr?		In der Küche.	
Ist das ein Bett?			Nein, das ist kein Bett.
Ist das eine Lampe?			Nein, das ist keine Lampe.

Die Schlaumeier zu Besuch bei Bello

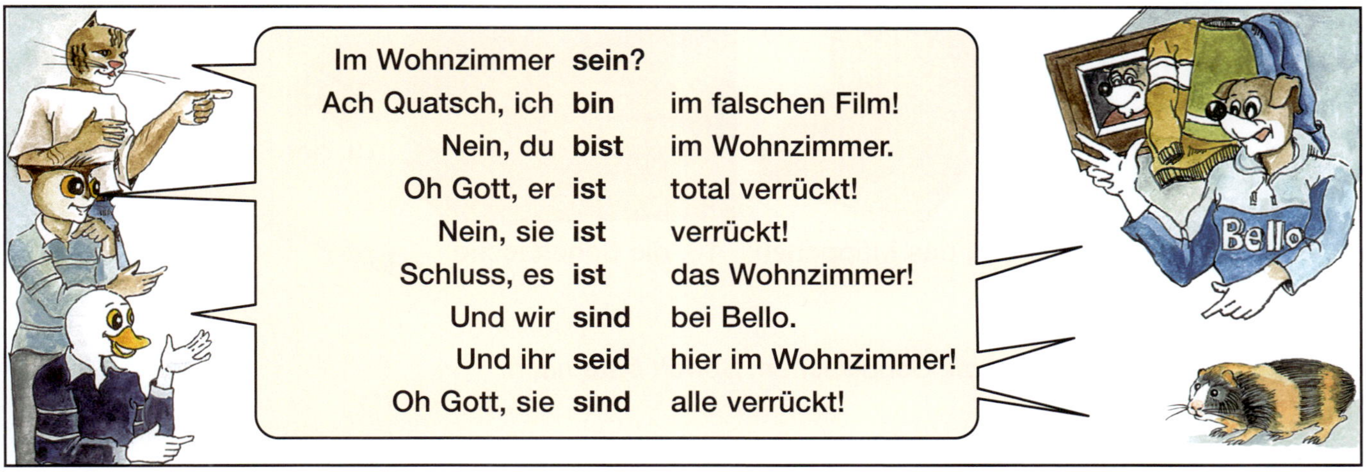

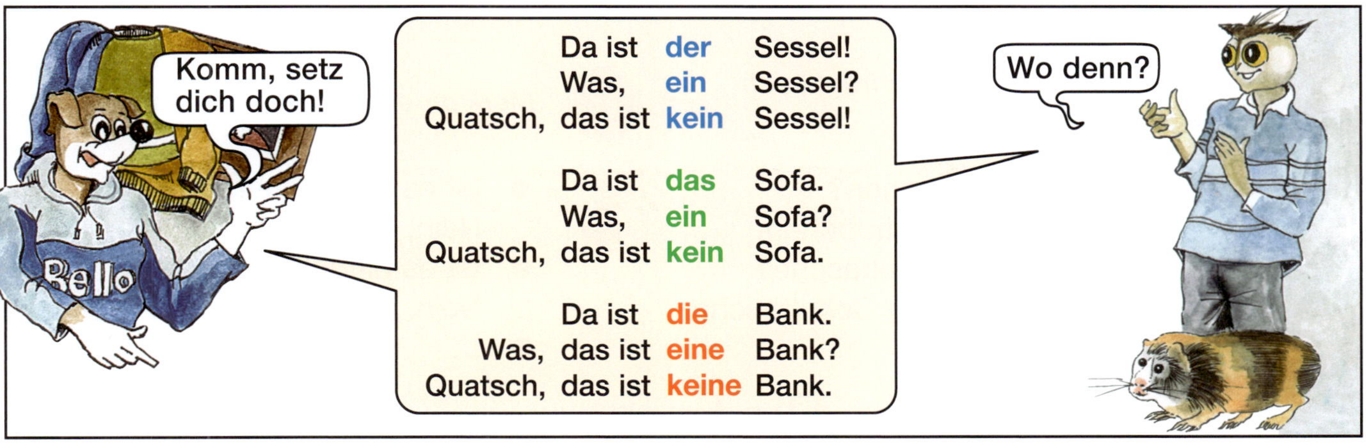

Schulsachen

1 *Hör zu und zeige die Schulsachen. Sprich bitte nach.* AB 1, 2

2a *Sucht einen Partner und fragt euch gegenseitig.*

- ● Was ist im Mäppchen?
- ○ Der Füller ist im Mäppchen.
- ● Was ist in der Schultasche?
- ○ Das Buch ist in der Schultasche.
- ● ...

b *Merk dir etwas. Die anderen raten.*

- ● Ist es eine Schere?
- ○ Nein, es ist keine Schere.
- ● Ist es ein Füller?
- ○ Nein, es ist kein Füller.
- ● ...

Die Farben

rot	blau	grün	gelb	braun	orange	schwarz	weiß	grau	rosa	lila

3 *Wie ist das? Fragt euch gegenseitig.* AB 3

Wie ist dein Füller?

Mein Füller ist rot.

klein – groß dünn – dick kurz – lang rund – eckig leicht – schwer alt – neu

4 *Sucht einen Partner und stellt euch Rätselfragen.* AB 4

- ● Wie ist Nummer 3?
- ○ Nummer 3 ist gelb, klein und leicht.

- ● Meine Sache ist leicht, klein und gelb.
- ○ Es ist Nummer 3.

5 *Stellt euch Fragen zum Foto oder zu euren Schulsachen.* AB 5, 6

6 *Was passt zu welchem Rätsel? Macht selbst Dingsda-Rätsel.*

Willis Schulsachen-Rätsel

1
Mein Dingsda ist lang.
Es ist eckig, dünn und leicht.
Es hat Zahlen, aber es
schreibt nicht.
Was ist das?

L **das Buch**

2
Mein Dingsda ist rund
und leicht.
Es hat Zahlen und
es schreibt nicht.
Es macht Musik.
Was ist das?

L **der Buntstift**

B **das Lineal**

3
Mein Dingsda ist lang
und dünn.
Es schreibt grau.
Was ist das?

4
Mein Dingsda ist lang
und dünn. Es schreibt
und malt blau, grün,
gelb oder ...
Was ist das?

R **die Uhr**

E **das Heft**

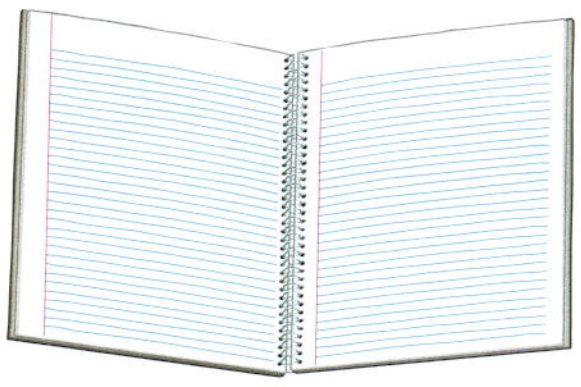

5
Mein Dingsda ist eckig,
dünn oder dick.
In meinem Dingsda
lese ich.
Was ist das?

I **der Bleistift**

6
Mein Dingsda ist
eckig, dick oder dünn.
In meinem Dingsda
schreibe oder lese ich.
Was ist das?

Lösung:

1	2	3	4	5	6
?	?	?	?	?	?

7 *Was brauchen die Kinder für den Ausflug? Hör zu und zähle die richtigen Zahlen zusammen. Ihre Summe ist 50.*

AB 7

Der Ausflug

	1	?	die	Gitarre
	2	?	den	Malkasten
	3	?	den	Ball
	4	?	die	Limo
	5	?	das	Radio
	6	?	den	Bleistift
	7	?	das	Fahrrad
	8	?	das	Turnzeug
	9	?	das	Schwimmzeug
	10	?	die	Cola
	11	?	den	Tennisball
+	12	?	das	Essen
=	50			

8 *Sucht einen Partner und fragt euch gegenseitig.*

AB 8

Ich will lesen.
Was brauche ich?

Du brauchst den Sessel,
das Buch, die Lampe und die Brille.

lesen, singen
malen, fahren
schreiben
kochen
trinken, essen
duschen
sitzen, tanzen
Musik machen
Musik hören
spielen
reiten
telefonieren
computern
Sport machen
schwimmen

brauchen →

den	das	die
den Sessel	das Musikbuch	die Badewanne
den Stuhl	das Sofa	die Schokolade
den Kuli	das Radio	die Zeitung
den Zug	das Buch	die Brille
den Buntstift	das Papier	die Gitarre
den Ball	das Schwimm-zeug	die Pizza
den Bleistift	das Fahrrad	die Dusche
den Pinsel	das Turnzeug	die Cola
den Computer	das Klavier	die Schere
den Malkasten	das Heft	die CD
den Rap	das Essen	die Musik
den Block	das Auto	die Kutsche
den Fußball	das Telefon	die Lampe
den Füller	das Pferd	die Limo

9 *Sucht einen Partner und spielt Frage-Ping-Pong.* AB 9, 10

Frage-Ping-Pong
Spieler 1 übernimmt Spiel A und deckt Spiel B mit einem Blatt Papier ab. Spieler 2 übernimmt Spiel B und deckt Spiel A mit einem Blatt Papier ab. Die Spieler fragen sich gegenseitig nach den Informationen, die fehlen.

Was hat Lina?

Sie hat einen Füller.
Sie hat ein Buch.
Sie hat eine Schere.

Spiel A

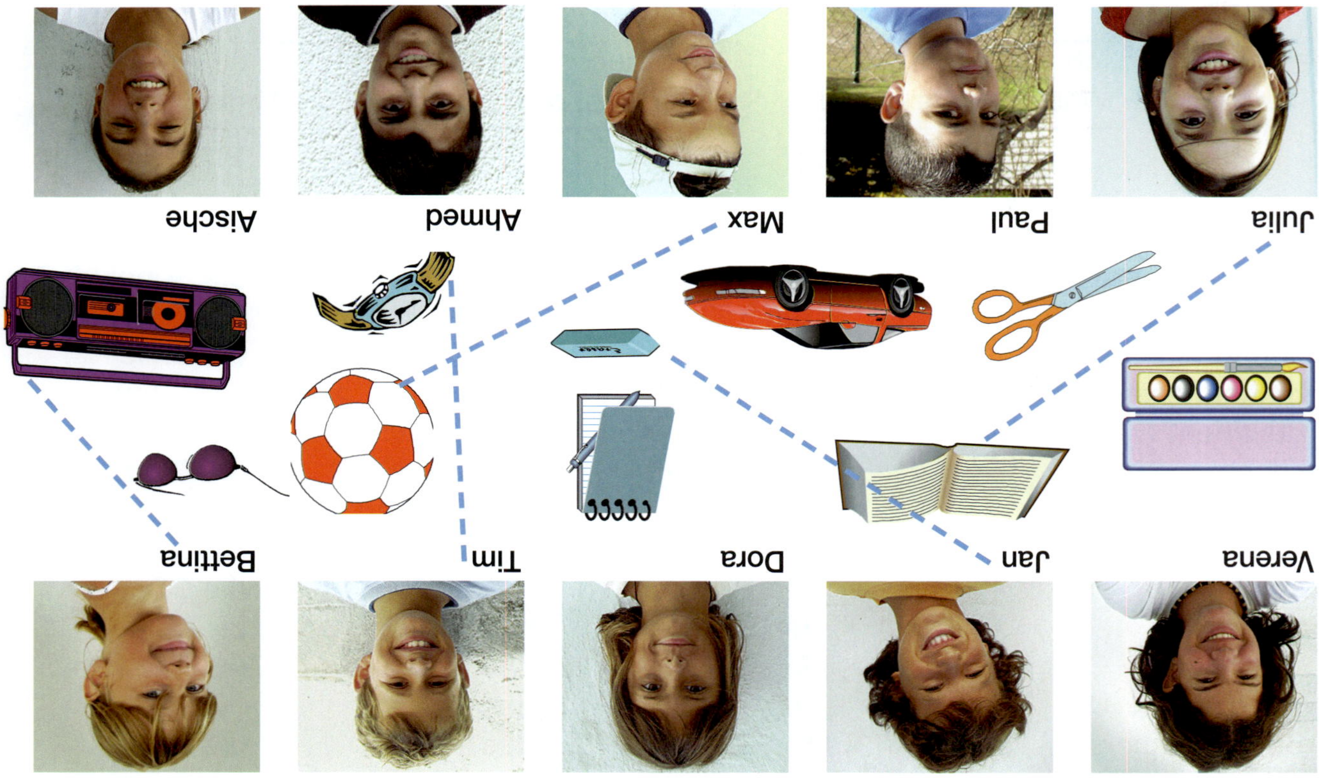

Spiel B

10 *Ordne die Texte den Bildern zu.*

A Tanzschule

1. Hier sind wir zu Besuch in der ...schule. Da übt das Kinder-Orchester. Frau Fischer ist die Musiklehrerin. Alle Kinder spielen ein Musikinstrument. Sie spielen ein Stück von Wolfgang Amadeus Mozart. Sie spielen schon ganz toll und machen auch Konzerte.

F Musikschule

2. Hier sind wir zu Besuch in der ...schule. Die Kinder lernen viele Tänze. Sie tanzen Tango, Walzer, Salsa. Die Tanzlehrerin ist Frau Simonow. Frau Simonow macht auch die Choreografie. Die Kinder üben sehr oft und zeigen ihre Tanz-Show auch bei großen Festen.

B Schwimmschule

3. Hier sind wir zu Besuch in der ...schule. Alle Kinder sitzen auf einem Pferd und lernen reiten. Ihr Reitlehrer heißt Herr Kranz. Zum Reiten brauchen die Kinder Reitzeug. Reiten ist nicht leicht. Sie üben sehr oft.

4. Hier sind wir zu Besuch in der ...schule. Alle Kinder brauchen Schwimmzeug. Sie lernen schwimmen und spielen im Wasser Ball. Frau Hagedorn ist die Schwimmlehrerin. Schwimmen ist toll. Die Kinder kommen gern ins Schwimmbad.

5. Hier sind wir zu Besuch in der ...schule von Maler Günther Neubauer. Alle Kinder haben einen Malkasten und Pinsel. Sie malen auf einem großen Block. Das Thema ist heute „Ein Ausflug“.

Lösung:

1	2	3	4	5
?	?	?	?	?

R Reitschule

E Malschule

11 *Suche zu jeder Schule Schlüsselwörter im Text.*

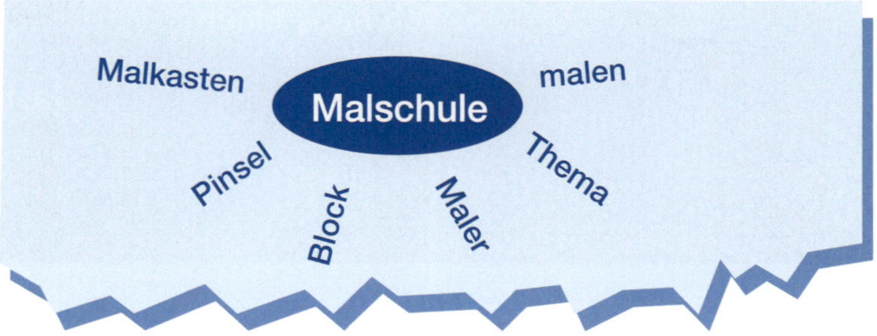

12 *Hör zu. Wo werden die Wörter betont?*

	Bleistift ★ ☆	Berlin ☆ ★
Buntstift	?	?
Papier	?	?
Musik	?	?
Schere	?	?
Kamin	?	?
Turnzeug	?	?
Limo	?	?
Klavier	?	?
Dusche	?	?
Balkon	?	?
Regal	?	?
Klebstoff	?	?
Garten	?	?
Mäppchen	?	?
Delfin	?	?

	Schultasche ★ ☆ ☆	Computer ☆ ★ ☆
Malkasten	?	?
Kommode	?	?
zusammen	?	?
Schlafzimmer	?	?
Telefon	?	?
Garage	?	?
Esszimmer	?	?
Hannover	?	?
Familie	?	?
Radio	?	?
Fernseher	?	?
Gitarre	?	?
Musikbuch	?	?
Kinderdorf	?	?
Brotdose	?	?

13 *Sucht einen Partner. Macht Dialoge.*

Das habe ich gelernt:

Wie ist das Dingsda?	Das Dingsda ist lang, leicht und eckig.		
Ist das Dingsda rund oder eckig?	Es ist rund.		
Ist das ein Füller oder ein Kuli?		Das ist ein Füller.	
Wo ist der Füller?			Im Mäppchen.
Wo ist das Heft?			In der Schultasche.
Was hast du da?		Ich habe einen Block.	
Hast du den Ball?			Ja, ich habe den Ball.

Die Schlaumeier im Schwimmbad

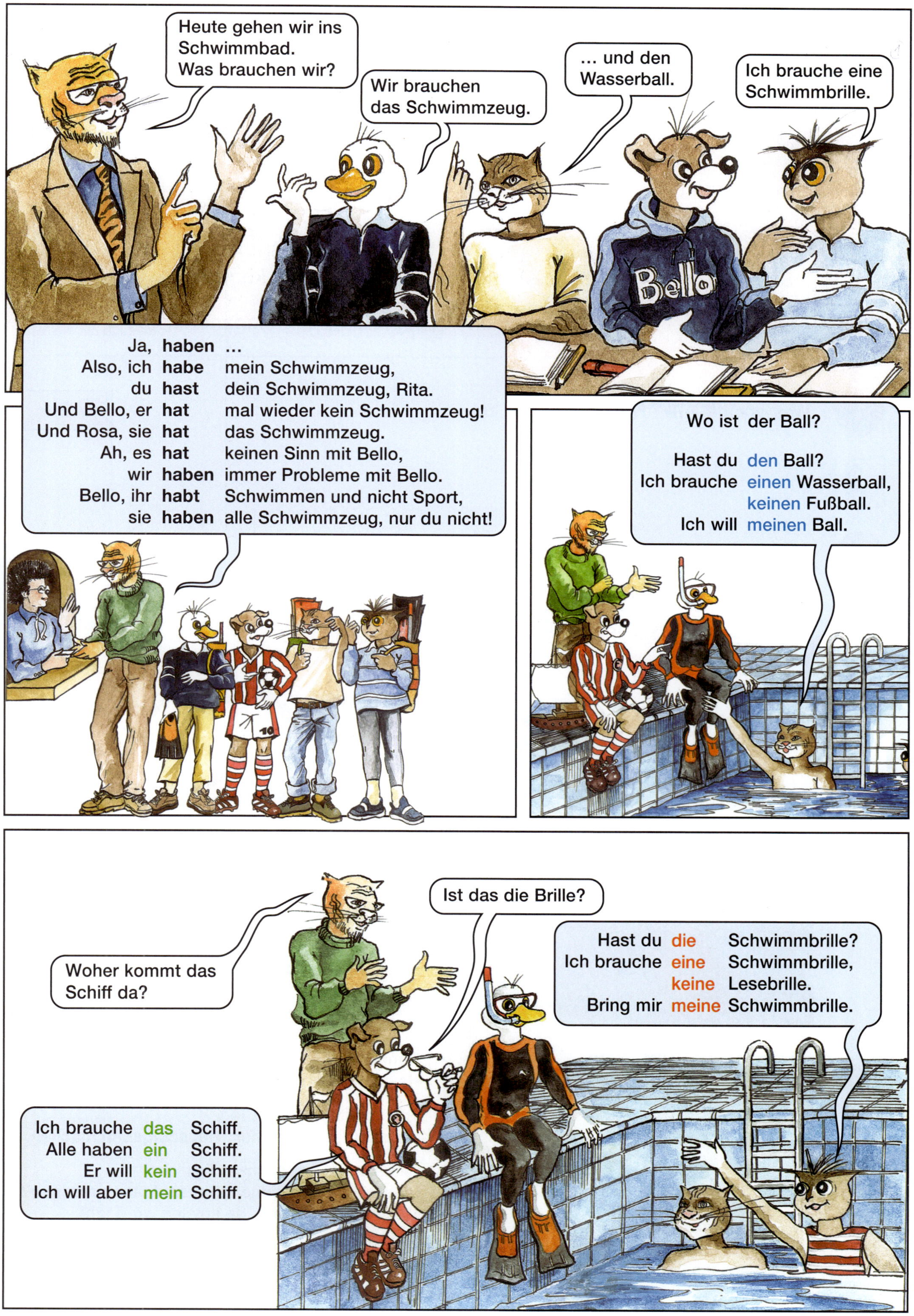

LEKTION 8

Willis Wochenplan

1.	Montag	?	Brot	?	schreiben
2.	Dienstag	?	Fahrrad	?	gießen
3.	Mittwoch	1.	Suppe	?	backen
4.	Donnerstag	?	Brief	?	sauber machen
5.	Freitag	?	Kuchen	?	abholen
6.	Samstag	?	Zimmer	1.	kochen
7.	Sonntag	?	Blumen	?	reparieren

1 *Was erzählt Willi? Höre und ordne zu.* AB 1

2 *Wie sieht Willis Woche aus? Notiere in dein Heft.*

Montag	Dienstag	Mittwoch	Donnerstag	Freitag	Samstag (Wochenende)	Sonntag (Wochenende)
Hausaufgaben machen und Suppe kochen	?	?	?	?	?	?

3 *Hört das Lied und singt mit.* AB 2

Immer nur Hausaufgaben machen?

Montag ist der erste Tag.
Hausaufgaben machen, Hausaufgaben machen.

Dienstag ist der zweite Tag.
Hausaufgaben machen, Hausaufgaben machen.

Mittwoch ist der dritte Tag.
Hausaufgaben machen, Hausaufgaben machen.

Donnerstag ist der vierte Tag.
Hausaufgaben machen, Hausaufgaben machen.

Freitag ist der fünfte Tag.
Hausaufgaben machen, Hausaufgaben machen.

Samstag ist der sechste Tag.
Hausaufgaben machen. Hausaufgaben machen?
Mach kein' Quatsch, da spielen wir doch!

Sonntag ist der siebte Tag.
Hausaufgaben machen. Hausaufgaben machen?
Mach kein' Quatsch, sonntags nie!

4 *Ordne und beschreibe die Leute an der Bushaltestelle.*

AB 3

dick • dünn • klein • groß

Herr Meier · Lisa · Frau Schön · Peter · Herr Stein · Uwe · Lotta · Manuela

5 *Was macht Willi in dieser Woche nun wirklich?*
Ordne die Sätze den Bildern zu und erzähle.

AB 4

Am Donnerstag macht Willi Blumen sauber.
Am Samstag repariert Willi das Bett.
Am Mittwoch holt Willi das Fahrrad ab.
Am Montag kocht Willi Blumen.
Am Freitag holt Willi einen Brief ab.
Am Dienstag gießt Willi das Zimmer.
Am Sonntag backt Willi Brot.

Wann macht Willi Hausaufgaben?

6 *Schau dir die Fotos an und hör zu. Was erzählt Katherina?
Ordne dann die Bildnummern den Tageszeiten zu.*

AB 5

Katherinas Tagesplan

1

Ich räume mein Zimmer auf.

2

Ich mache Hausaufgaben.
Ich lese und rechne.

3

Ich stehe auf.

4

Die Klasse hört zu.

5

Ich sehe fern.

6

Ich komme nach Hause zurück.

7

Ich hole meine Freundin ab.

8

Ich lese die Geschichte vor.

9

Ich gehe schlafen.

10

Ich rufe meine Freundin an.

11

Ich packe meine Schulsachen ein.

12

Ich mache mein Heft auf.

	am Morgen morgens	3	?	?
	am Vormittag vormittags	?	?	?
	am Mittag mittags	?		
	am Nachmittag nachmittags	?	?	
	am Abend abends	?	?	?

7 *Sucht einen Partner und fragt euch gegenseitig.*

AB 6

Wann packst du deine Schulsachen ein?
Was machst du am Nachmittag?
... ?

8 *Was gehört zusammen?*

AB 7

Schulfächer

Deutsch	Englisch	Mathematik	Religion	Erdkunde	Biologie	Geschichte	Musik	Sport	Kunst
?	?	?	?	?	?	?	?	?	?

9a *Fragt euch gegenseitig.*

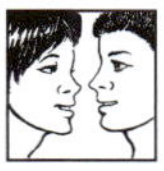

Katherinas Stundenplan

Stunde	Montag	Dienstag	Mittwoch	Donnerstag	Freitag	Samstag
1.	Deutsch	Religion	Deutsch	Deutsch	Mathematik	
2.	Englisch	Mathematik	Deutsch	Mathematik	Deutsch	
3.	Mathematik	Geschichte	Biologie	Erdkunde	Musik	
4.	Kunst	Englisch	Mathematik	Englisch	Englisch	
5.	Kunst	Biologie	Englisch	Sport	Geschichte	
6.	Erdkunde	Musik	Sport	Sport	Religion	

- ● Wann hat Katherina Biologie?
- ○ Am Dienstag und am Mittwoch.
- ● Was hat sie am Montag, dritte Stunde?
- ○ Mathematik.

b *Fragt euch gegenseitig nach eurem Stundenplan.*

Wann hast du Biologie?

Was hast du am Freitag, erste Stunde?

Wie findest du ...? Wie finden Sie ...?

Religion? Deutsch? Sport? Biologie? Mathematik? Kunst? Geschichte? Erdkunde? Englisch? Musik?

fantastisch, toll, prima	gut	ganz gut	nicht gut	blöd, doof

10a *Sucht einen Partner und fragt euch gegenseitig.*

AB 8

- ● Wie findest du Mathematik?
- ○ Ich finde Mathe ...
- ● Was machst du gern?
- ○ Ich mache gern ...
- ● Was machst du nicht gern?
- ○ Ich mache nicht gern ...
- ● Was ist dein Lieblingsfach?
- ○ Mein Lieblingsfach ist ...

b *Macht ein Interview mit euren Lehrern.*

Wie finden Sie ...?
Was machen Sie gern?
Was machen Sie nicht gern?
Wann stehen Sie auf?
Machen Sie Hausaufgaben?
Was machen Sie am Wochenende?
...?

11 *Hört das Lied und singt mit.*

1. Jeder singt so gut er kann, gut er kann, gut er kann,
   und jetzt kommt der Erste dran, der Erste kommt jetzt dran.
   Ia, ia, der Erste kommt jetzt dran.
   Ia, ia, ia, der Erste kommt jetzt dran.
2. Jeder singt so gut er kann,
   und jetzt kommt der Zweite dran: wauwau, wauwau.
3. Jeder singt so gut er kann,
   und jetzt kommt der Dritte dran: miau, miau.
4. Jeder singt so gut er kann,
   und jetzt kommt der Vierte dran: kikeriki, kikeriki.
5. Jeder singt so gut er kann,
   und jetzt kommen alle dran: ia, wauwau,
   alle kommen dran: miau, kikeriki,
   jetzt waren alle dran.

12 *Lies den Text und schreibe Max' Stundenplan in dein Heft.*

Max' Stundenplan

Max hat jeden Tag sechs Stunden. Er hat fünfmal in der Woche  : Montag, Mittwoch und Freitag, 2. Stunde, Dienstag und Donnerstag, 5. Stunde. Er hat zweimal  : Dienstag, 6. Stunde, und Mittwoch, 5. Stunde.  hat er am Montag, 5. und 6. Stunde; am Dienstag, Mittwoch, Donnerstag und Freitag, 1. Stunde. 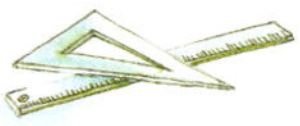 hat er am Montag, 1. Stunde, am Dienstag und Donnerstag, 2. Stunde, am Mittwoch und Freitag, 4. Stunde. Max hat zweimal  : Mittwoch, 3. Stunde, und Freitag, 5. Stunde.  hat er am Donnerstag, 3. und 4. Stunde. Am Dienstag und Freitag, 3. Stunde, hat er .  hat er am Dienstag, 4. Stunde.  hat er am Montag, 3. und 4. Stunde.  hat er am Mittwoch und Freitag, 6. Stunde.

	Montag	Dienstag	Mittwoch	Donnerstag	Freitag
1.	Mathematik	?	Deutsch	?	?
2.	?	?	?	?	?
3.	?	?	?	?	Geschichte
4.	?	?	?	?	?
5.	?	?	?	?	?
6.	?	?	?	?	?

Satzmodelle

ein | packen

1. Katherina — packt — ein.
2. Katherina — packt — die Schulsachen — ein.
3. Katherina — packt — am Morgen — die Schulsachen — ein.
4. Am Morgen — packt — Katherina — die Schulsachen — ein.
5. Was — packt — Katherina — ein?
6. Packt — Katherina — ein?
7. Packt — Katherina — die Schulsachen — ein?

13 *Ordne den Sätzen die Satzmodell-Nummer zu.*

? Julia räumt das Zimmer auf.
? Julia liest vor.
? Was liest Julia vor?
? Liest Julia die Geschichte vor?

? Am Abend rufen wir Oma an.
? Lesen Sie den Text vor?
? Wann ruft er an?
? Hört Willi zu?

14 *Sucht einen Partner. Macht Dialoge.*

Das habe ich gelernt:

Wann stehst du auf? — Am Morgen.
Wann hast du Deutsch? — Am Montag.
Wie findest du Deutsch? — Ganz gut/blöd/...

Die Schlaumeier im Chaos

Ein Jahr mit Willi: Willis Kalender

Willi baut einen Schneemann.

Willi feiert Karneval.

Willi geht im Park spazieren.

Willi feiert Ostern.

Willi arbeitet im Garten.

Willi kauft Eis.

Willi schwimmt im Meer.

Willi hat Ferien.

Die Schule fängt an.

Willi baut einen Drachen.

Willi feiert Geburtstag.

Willi feiert Weihnachten.

1 *Was macht Willi in welchem Monat? Ergänze bitte die Sätze.* **AB 1**

5	Im *Mai* arbeitet Willi im Garten.	?	Willi feiert im … Karneval.
?	Willi schwimmt im … im Meer.	?	Im … baut Willi einen Schneemann.
?	Geburtstag feiert Willi im …	?	Ferien hat Willi im …
?	Im … geht Willi im Park spazieren.	?	Willi feiert im … Ostern.
?	Weihnachten feiert Willi im …	?	Die Schule fängt im … an.
?	Im … kauft Willi Eis.	?	Im … baut Willi einen Drachen.

2 *Willis Kalender: Sucht einen Partner.*
Der Erste fängt an, der Zweite setzt den Satz fort.

Im November … → … **feiert** Willi Geburtstag.

Willi **schwimmt** … → … im Juli im Meer.

Ferien … → … **hat** Willi im August.

3 *Hört das Lied und singt mit.*

Das Lied von den Jahreszeiten

Dezember, Januar, Februar,
da kommt der Winter. Ist das klar?
Im März, April und Mai,
da kommt der Frühling. Eins, zwei, drei!

Im Juni, Juli, August,
da kommt der Sommer. Hast du's gewusst?
September, Oktober, November,
dann ist der Herbst bis De…

4 *Fragt euch gegenseitig.*

AB 2

Was machst du im Winter/im Frühling/im Sommer/im Herbst?

5 *In welchem Monat haben die Kinder Geburtstag? Lies und notiere im Arbeitsbuch.*

AB 3

Julia Schult feiert Geburtstag

6 *An welchem Tag haben sie Geburtstag? Nenne das Datum.*

AB 4, 5

Max hat am ... Geburtstag.

1.	Max	1.05.	am achtundzwanzigsten Februar
2.	Lisa	7.08.	am achten Juni
3.	Mario	3.11.	am dreiundzwanzigsten Januar
4.	Laura	30.03.	am ersten Mai
5.	Tim	8.06.	am dritten November
6.	Nadja	23.01.	am elften Oktober
7.	Sven	11.10.	am siebten August
8.	Jan	28.02.	am dreißigsten März

7 *Fragt euch gegenseitig.*

8 *Lest mit verteilten Rollen und macht neue Dialoge.*

AB 6

Einladung zum Geburtstag

Tanja Bergmann.

Hallo, Tanja, hier ist Leo.

Hallo, Leo.

Du, Tanja, ich habe am Samstag Geburtstag.
Ich mache eine Party. Kommst du am Samstag?

Na klar! Wann fängt die Party an?

Am Nachmittag.

Wen lädst du noch ein?

Alle Freunde, meinen Cousin und meine Cousine.

Prima!
Was möchtest du zum Geburtstag?

Ach, nichts.

Nun sag schon, Leo.

Na gut, einen Fußball.

Okay. Danke für die Einladung.

Tschüs, Tanja. Bis Samstag.

L9

9a *Was möchtet ihr zum Geburtstag? Fragt euch gegenseitig.*

Geschenke zum Geburtstag

- ● Rate mal: Was möchte ich zum Geburtstag? Einen Fußball oder ein Buch?
- ○ Du möchtest einen Fußball.
- ● Falsch.
- ○ Du willst ein Buch.
- ● Richtig. Ich will ein Buch.

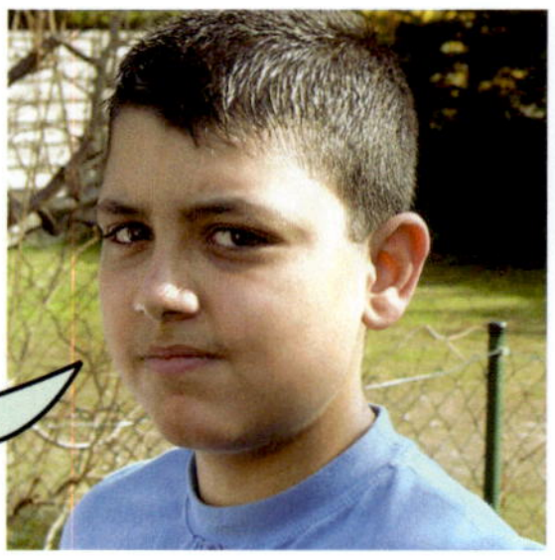

b *Was möchten die Kinder zum Geburtstag? Erzählt bitte.*

AB 7, 8

1. Tim malt gern.
2. Rena macht gern Sport.
3. Sascha liest gern.
4. Lilli hört gern Musik.
5. Florian computert gern.
6. Felix isst gern.
7. Carolin sieht gern Filme.
8. Claudia findet Tiere toll.
9. Sven macht gern Ausflüge.
10. Sofia telefoniert gern.

Tim möchte ...

Rena will ...

10 *Wann feiert Elena welches Fest? Hör zu und löse das Rätsel.*

1. Silvester ist ...
2. Elenas Geburtstag ist ...
3. Muttertag ist ...
4. Karneval fängt ...
5. Weihnachten ist ...
6. Ostern ist ...

T ... am 2. Sonntag im Mai.
N ... im März oder im April.
O ... am 31. Dezember.
S ... am 6. Juli.
E ... am 11. November an.
R ... am 24. Dezember.

Lösung:

1	2	3	4	5	6
?	?	?	?	?	?

11 *Lies die Texte. Was gehört zusammen?*

AB 9

Feste und Feiertage

~~G~~ Am 24. Dezember feiert man in Deutschland, Österreich und in der Schweiz Weihnachten. Im Wohnzimmer steht dann ein Weihnachtsbaum.

G In dieser Nacht feiert man Partys und tanzt bis in den Morgen. Man macht ein Feuerwerk und sagt: „Frohes neues Jahr!“

B Im März oder April feiert man Ostern. Zu Ostern kommt der Osterhase und versteckt Ostereier im Garten.

T Zu Karneval macht man viele Straßenfeste. In Köln ruft man dann: „Alaaf!“

R Zum Geburtstag sagt man: „Herzlichen Glückwunsch!“ Man lädt seine Freunde ein und macht eine Party.

~~E~~ Zu Weihnachten kommt die ganze Familie zusammen. Alle bekommen Geschenke und man sagt: „Frohe Weihnachten!“

S Im Februar feiert man Karneval. Man trägt Kostüme und macht Partys.

U Die Kinder suchen dann die Ostereier. Zu Ostern sagt man: „Frohe Ostern!“

A Silvester feiert man in der Nacht vom 31. Dezember zum 1. Januar. Am 1. Januar fängt das neue Jahr an.

T Die Freunde bringen Geschenke und Blumen. Man bekommt auch eine Geburtstagstorte.

Lösung:

G	E	?	?	?	?	?	?	?	?

12 *Hör zu. Wo werden die Wörter betont?*

	Bleistift ★ ☆	Berlin ☆ ★
Ostern	?	?
August	?	?
Sommer	?	?
Juli	?	?
April	?	?
Geschenk	?	?
Monat	?	?
Cousin	?	?
Handy	?	?
Kostüm	?	?

	Schultasche ★ ☆ ☆	Computer ☆ ★ ☆
Karneval	?	?
Geburtstag	?	?
Ferien	?	?
Feuerwerk	?	?
Dezember	?	?
Feiertag	?	?
November	?	?
Silvester	?	?
Kalender	?	?
Februar	?	?

13 *Welche Laute hörst du: s oder sch?*

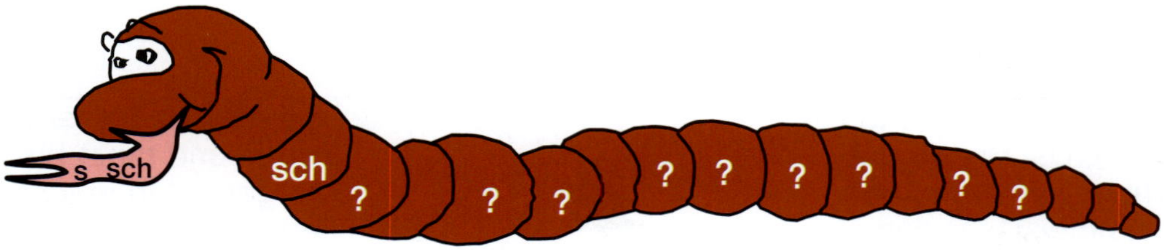

14 *Sucht einen Partner. Macht Dialoge.*

Das habe ich gelernt:

Wann hast du Ferien?	Im Sommer.
Wann feiert man Karneval?	Im Februar.
Wann hast du Geburtstag?	Am dritten Mai.
Wann bekommt man Geschenke?	Zum Geburtstag.
	Zu Weihnachten.
Wann ist Karneval?	Nach Weihnachten.
	Vor Ostern.
Wen lädst du ein?	Meinen Cousin.

Die Schlaumeier laden ein

LEKTION 10

Die Uhrzeit

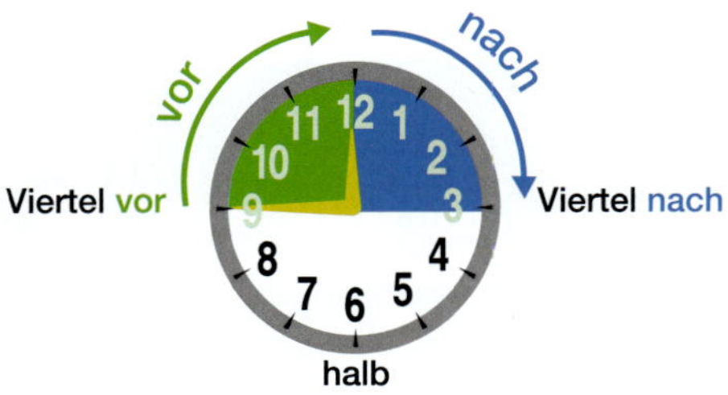

Es ist ein Uhr.
Es ist eins.

Es ist zwei Uhr.
Es ist zwei.

Es ist halb drei.

Es ist Viertel vor vier.

Es ist Viertel nac vier.

Es ist zwanzig vor sieben.

Es ist zwanzig nach sieben.

Es ist zehn vor acht.

Es ist zehn nach acht.

1 *Wie spät ist es? Fragt euch gegenseitig nach der Uhrzeit.* AB 1

2 *Fragt euch gegenseitig nach dem Flugplan.* AB 2

ABFLUG – DEPARTURE

7:20 FRA	16:35 MUC
9:45 DUS	18:55 VIE
11:05 STR	19:15 ERF
12:50 BSL	20:40 GVA
14:15 DTM	21:30 FRA
15:20 ZRH	22:10 SZA

Basel – Dortmund – Düsseldorf – Erfurt – Frankfurt – Genf – München – Salzburg – Wien – Stuttgart – Zürich

Wann fliegt das Flugzeug nach Frankfurt? → Um sieben Uhr zwanzig.

Wie bitte? Wann? → Um zwanzig nach sieben.

3 *Fragt euch gegenseitig zu den Fotos.*

AB 3

Ein Montag bei Familie Berger

Herr Berger

Frau Berger

Sabine

Mark

stehen auf

frühstücken

gehen ins Büro

gehen in die Schule

arbeiten

haben Unterricht

kocht

machen Hausaufgaben

ruft Inga an

kauft ein

gehen ins Bett

sehen fern

kommt zurück

spielt Fußball

Was macht Mark um halb sieben?
Wann steht Sabine auf?
Wer kauft um halb fünf ein?

4 *Hör zu. Wann macht Sabine Berger das?*

Mo:	schwimmen	a) 18.30–19.15 Uhr
Di:	Theater spielen	b) 16.30–17.30 Uhr
Mi:	Klavierunterricht	c) 14.00–14.45 Uhr
Do:	reiten	d) 17.00–18.30 Uhr
Fr:	Computerunterricht	e) 15.00–16.00 Uhr

Mo	Di	Mi	Do	Fr
?	?	?	?	?

5 *Lest mit verteilten Rollen und macht neue Dialoge.*

AB 4, 5

Kommst du mit ins Kino?

Ja, gern. Wann denn?

Kannst du am Freitag um vier Uhr?

Schade, da kann ich nicht.
Ich habe Computerunterricht von halb fünf bis halb sechs.

Kannst du am Dienstag um vier Uhr?

Leider nicht. Ich spiele Theater von fünf bis halb sieben.

Und am Montag um vier?

Ja, da kann ich.

Prima. Es gibt einen Science-Fiction-Film.

Mo:	15.30–17.00 Uhr	skaten
Di:	14.30–16.00 Uhr	schwimmen
Mi:	15.30–17.00 Uhr	Fußball spielen
Do:	14.00–15.00 Uhr	Klavierunterricht
Fr:	16.00–17.30 Uhr	Karateunterricht

Veranstaltungskalender: Kinder- und Jugendhaus „Sonnenblume“

Mo, 5. Juni

***Der Kochunterricht**
von 15–16.30 Uhr
Wir backen Pizza
***Das Kinderradio „Sonnenblume“**
von 14–16 Uhr
Wir machen eine Sendung
zum Thema „Haustiere“

Di, 6. Juni

***Die Kunstschule**
von 15–17 Uhr
Wir machen Marionetten
***Der Kinderfilm**
von 16–17 Uhr
„Emil und die Detektive“

Mi, 7. Juni

***Der Blumengarten**
von 15–16.30 Uhr
Wir pflücken Rosen
***Die Kinder-Rockband**
von 17–18 Uhr

Do, 8. Juni

***Die Ballonfahrt im Heißluftballon**
von 15–18 Uhr
Wir fliegen über unsere Stadt
***Der Fußball-Klub**
von 14–16.30 Uhr
Pokalspiel

Fr, 9. Juni

***Die Kunstschule**
von 15–17 Uhr
Wir malen wie Picasso
***Das Kinderradio „Sonnenblume“**
von 14–16 Uhr
Wir machen eine Sendung
zum Thema „Ballonfahrt“

Sa, 10. Juni

***Das Sommerfest**
von 15–19 Uhr
Wir machen Spiele, Theater, Tänze,
Musik, Videos und ...
Wir hören „Käpten Kalles
Erzählstunde“

6 *Was gibt es für sie? Lies den Veranstaltungskalender mit deinem Partner und macht Vorschläge für die Kinder.*

AB 6

Rena:	gern kochen, gern basteln
Isabel:	Blumen lieben, gern tanzen
Karina:	gern Sport machen
Paul:	gern Musik machen, gern malen
Lukas:	Tiere lieben, gern malen
Tarkan:	gern Sport machen

Es gibt den ...
Es gibt das ...
Es gibt die ...

Rena kocht gern. Was gibt es für Rena? → Es gibt den Kochunterricht.
Wann ist der Kochunterricht? → Am Montag.
Wie lange dauert er? → Von drei bis halb fünf.

7 *Was erzählt Käpten Kalle?*
Setze seine Geschichte mit den Angaben im Kasten fort.

AB 7, 8

Käpten Kalles Erzählstunde

Und heute erzähle ich euch mal von meinen Reisen. Früher war ich Kapitän. Ich hatte ein Schiff. Mein Schiff war die „Bremen“. Ich war viel unterwegs.

1960 war ich in **neilisarB** und hatte **eeffaK** an Bord.

1957 war ich in **anihC** und hatte **sieR** an Bord.

1973 war ich in **aksalA** und hatte **hcsiF** an Bord. ...

Ratet mal: Wo war ich 1960?
Was hatte ich an Bord?

Du warst ...
Du hattest ...

1975	in	**napaJ,**	**sotuA**	an Bord
1962	in	**neidnI,**	**eeT**	an Bord
1959	in	**neinapS,**	**negnarO**	an Bord
1966	in	**dnalssuR,**	**raivaK**	an Bord
1978	in	**adanaK,**	**zloH**	an Bord

So lesen wir Jahreszahlen:

1960
neunzehnhundertsechzig

2021
zweitausendeinundzwanzig

8 *Sucht einen Partner und interviewt euch gegenseitig.*

AB 9

im Theater
im Schloss
im Museum
im Kino
in Berlin

- ● Warst du schon mal im Theater?
- ○ Ja, ich war schon mal im Theater. (Nein, ich war noch nicht im Theater.)

den 5. Geburtstag
die erste Party
die erste Uhr
das erste Fahrrad
das erste Handy

- ● Wann hattest du den fünften Geburtstag?
- ○ Zweitausend... (Neunzehnhundert...)

9 *Lies die Zeitungsmeldung. Ordne den Fotos die passenden Textzeilen zu.*

Kinder- und Jugendhaus „Sonnenblume“

Ballonfahrt für Kinder

BERNAU. Das Kinder- und Jugendhaus „Sonnenblume“ macht am Donnerstag, 8. Juni, eine Ballonfahrt. Die Fahrt kostet 10 Euro. Kinder ab 12 Jahren können mitfahren. Die Ballonfahrt und die Vorbereitungen dauern drei Stunden. Von 15 bis 18 Uhr helfen alle mit. Zuerst bringt man den Ballon mit dem Auto zum Startplatz. Dann macht man den Ballon startklar: Man füllt heiße Luft in den Ballon. Der Pilot und die Mitfahrer stehen im Korb. Nun macht der Pilot die Luft im Ballon noch heißer und der Ballon steigt nach oben. Der Ballon steigt 500 Meter hoch und fährt 12 Kilometer in der Stunde. Von oben sieht die Stadt ganz klein aus. Die Fahrt dauert eine Stunde. Dann landet der Ballon auf der Erde. Alle helfen wieder mit. Sie packen den Ballon ein und räumen auf. Zum Schluss bekommen alle Mitfahrer ein Zertifikat als Ballonfahrer und einen Ballonfahrer-Namen wie z. B. „Kapitän der Luft“ oder „Ballon-Königin“.

1

Zeile: 7-9

2

Zeile: ?

3

Zeile: ?

6

Zeile: ?

4

Zeile: ?

5

Zeile: ?

Satzmodelle

1.	Familie Berger	frühstückt	um sieben	im Esszimmer	.
2.	Um sieben	frühstückt	Familie Berger	im Esszimmer	.
3.	Im Esszimmer	frühstückt	Familie Berger	um sieben	.
4.	Sabine	ruft	Inga	um halb fünf	an.
5.	Um halb fünf	ruft	Sabine	Inga	an.
6.	Inga	ruft	Sabine	um halb fünf	an.

10 *Ordne den Sätzen die Satzmodell-Nummer zu.* AB 10

? Ich sehe am Abend im Wohnzimmer fern.
? Am Vormittag bin ich in der Schule.
? Um fünf Uhr räume ich mein Zimmer auf.
? Die Hausaufgaben mache ich am Abend.
? Mein Vater kocht heute Tomatensuppe.
? Meine Schulsachen packe ich am Morgen ein.

11 *Sucht einen Partner. Macht Dialoge.* AB 11

Das habe ich gelernt:

Wie spät ist es? Wie viel Uhr ist es?	Es ist halb sechs.	
Wann fliegt das Flugzeug nach Köln?	Um 12.35 Uhr.	
Wie lange dauert der Flug?	Er dauert eine Stunde. Von 12.35 bis 13.35 Uhr.	
Warst du schon mal in Köln?		Ja, im Februar 2002. Nein, noch nicht.
Hattest du schon mal Besuch aus Köln?		Ja, meine Freundin Anna. Nein, noch nicht.
Was gibt es in Köln?	Den Karneval.	

Die Schlaumeier und das Schulmuseum

Willis Tierlexikon

Das Nashorn

Das Nashorn ist grau. Es ist 2000 kg schwer. Es ist gefährlich. Es kann schnell laufen. Es frisst Pflanzen.

Die Schlange

Die Schlange ist grau und weiß. Sie ist 3 m lang. Sie ist gefährlich. Sie kann kriechen und sie kann schwimmen. Sie frisst Fleisch.

Der Affe

Der Affe ist braun oder schwarz. Er ist bis 1,80 m groß. Er kann laufen und er kann klettern. Er frisst Pflanzen und auch Fleisch.

Die Robbe

Die Robbe ist braun. Sie ist bis 3 m lang und bis 400 kg schwer. Sie kann schwimmen. Sie kann tauchen und sie kann robben. Sie frisst Fleisch und Fisch.

Der Tiger

Der Tiger ist orange und schwarz. Er ist bis 3 m lang. Er ist gefährlich. Er kann schnell laufen. Er kann klettern und auch springen. Er frisst Fleisch.

Das Krokodil

Das Krokodil ist graubraun. Es ist 6 m lang. Es ist gefährlich. Es kann laufen. Es kann schwimmen und es kann tauchen. Es frisst Fleisch und Fisch.

Der Elefant

Der Elefant ist grau. Er ist bis 6000 kg schwer. Er kann schnell laufen. Er frisst Pflanzen.

Das Zebra

Das Zebra ist schwarz und weiß. Es ist bis 250 kg schwer. Es kann schnell laufen. Es frisst Pflanzen.

Der Papagei

Der Papagei ist blau, rot und gelb. Er ist bis 80 cm groß. Er kann fliegen und er kann klettern. Er frisst Pflanzen.

1 *Lest Willis Tierlexikon, löst Willis Rätsel und stellt euch selbst Rätselfragen.*

AB 1, 2

Das Tier ist grau. Was ist das?
Das Tier ist 80 Zentimeter groß. Was ist das?
Das Tier ist 6 Meter lang. Was ist das?
Das Tier ist 6000 Kilogramm schwer. Was ist das?
Das Tier ist gefährlich. Was ist das?
Das Tier frisst Pflanzen. Was ist das?
Das Tier kann schwimmen. Was ist das?
Das Tier kann tauchen. Was ist das?
Das Tier kann klettern. Was ist das?
Das Tier frisst Fleisch. Was ist das?
Das Tier frisst Fisch. Was ist das?

2 *Was können die Tiere? Was können sie nicht? Fragt euch gegenseitig.*

AB 3

- ● Was kann der Pinguin?
- ○ Er kann tauchen, schwimmen und laufen.
- ● Kann ein Pinguin fliegen?
- ○ Nein, er kann nicht fliegen.

Er Sie Es	kann	nicht	laufen. springen. fliegen. schwimmen. tauchen. kriechen. klettern.
Sie	können		

die Schildkröte

die Robbe

das Stachelschwein

der Löwe

der Eisbär

der Pinguin

die Giraffe

der Strauß

das Känguru

der Storch

der Flamingo

das Kamel

der Schwan

3 *Hört das Lied und singt mit. Könnt ihr selbst Strophen machen?*

Was Tiere können

2. Papageien können fliegen.
   Schlangen nicht, die bleiben liegen.
   Tiger können ganz laut fauchen.
   Können Zebras denn auch tauchen?
   Du kannst ja mal das Tierbuch fragen, ...

3. Affen können prima tanzen.
   Fressen Elefanten Pflanzen?
   Können Nashörner gut sehen?
   Sag mal, können sie schnell gehen?
   Du kannst ja mal das Tierbuch fragen, ...

1. Viele Tiere können springen.
   Können Krokodile singen?
   Robben können sehr schnell tauchen.
   Sag mal, können sie auch rauchen?
   Du kannst ja mal das Tierbuch fragen,
   Tierbuch fragen, Tierbuch fragen.
   Das kann dir die Antwort sagen,
   da steht alles drin.

4 *Im Zoo: Woher kommen die Tiere? Fragt euch gegenseitig.* AB 4, 5

– Woher kommen **die** Krokodile?
– **Sie** kommen aus Afrika.

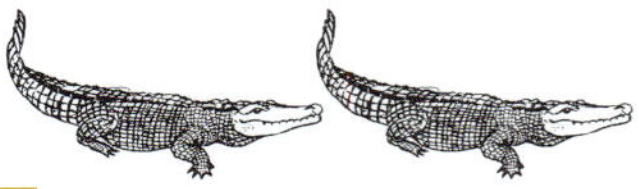

SINGULAR		PLURAL
das Krokodil das Kamel der Wolf	-e	die Krokodile die Kamele die Wölfe
der Löwe der Affe der Bär der Elefant	-(e)n	die Löwen die Affen die Bären die Elefanten
das Nashorn	-er	die Nashörner
das Zebra das Känguru der Flamingo	-s	die Zebras die Kängurus die Flamingos
der Vogel der Tiger der Adler	-	die Vögel die Tiger die Adler

Im Zoo

ELEFANT
Afrika/Asien
GIRAFFE
Afrika
NASHORN
Afrika
LÖWE
Afrika
ZEBRA
Afrika
BÄR
Europa/Asien
TIGER
Asien
KAMEL
Afrika
KROKODIL
Afrika
PAPAGEI
Amerika
ADLER
Europa
EISVOGEL
Europa
AFFE
Afrika
FLAMINGO
Afrika
ROBBE
Europa/
Afrika
SCHLANGE
Asien
KÄNGURU
Australien
WOLF
Europa

5 *Tiere im Zoo: Vergleiche früher mit heute und ordne zu.*

Zootiere früher

1. hatten kleine Käfige.
2. hatten keine Verstecke.
3. waren allein im Käfig.
4. hatten keinen Platz.
5. hatten keine Tierbabys.
6. hatten immer Futter.

Zootiere heute

a) können das Futter selbst suchen.
b) können frei herumlaufen.
c) können Junge bekommen.
d) können in der Natur leben.
e) können Verstecke suchen.
f) können mit der Tierfamilie leben.

1	2	3	4	5	6
d	?	?	?	?	?

6 *Hör das Interview. Was können die Kinder besonders gut?*

Ina	Katja	Hassan	Max	Markus	Lina	
?	?	?	?	?	?	kann prima Fahrrad fahren.
?	?	?	?	?	?	kann viel essen.
?	?	?	?	?	?	kann sehr gut rechnen.
?	?	?	?	?	?	kann besonders gut tauchen.
?	?	?	?	?	?	kann toll kochen.
?	?	?	?	?	?	kann schnell laufen.

7 *Und ihr? Was könnt ihr besonders gut? Fragt euch gegenseitig.*

AB 6

Was kannst du besonders gut?

8 *Lies den Text. Welche Wörter aus dem Text passen zu den Nummern im Bild?*

AB 7

Der Elefant

Elefanten leben in Afrika und Indien.
Der Elefant ist stark und kräftig. Er ist bis zu 6000 kg schwer. Er kann 4 m hoch und 6 m lang werden.
Die Ohren ? sind sehr groß.
Sie können 1,80 m breit werden.
Die Stoßzähne ? sind lang und schwer.
Sie können 3 m lang werden. Die Stoßzähne sind aus Elfenbein. Elfenbein ist sehr kostbar. Deshalb tötete man früher Elefanten. Heute ist das verboten.
Elefanten haben Rüssel. Das ist die Elefanten-Nase. Der Rüssel ? kann 2,50 m lang werden.
Die Beine ? sind dick und kräftig.
Die Augen ? sind klein.
Der Schwanz ? ist dünn und lang.
Er kann 1,50 m lang werden.
Der Elefant kann sehr schnell laufen.
Er läuft bis zu 40 km pro Stunde.
In Indien arbeiten die Elefanten für Menschen.
Ein Elefant kann einen Baum tragen ?.
Er kann einen Eimer heben ?.
Der Elefant kann ein Auto ziehen ?, eine Tür öffnen ? und einen Wasserhahn aufdrehen ?.
Man kann auch auf Elefanten reiten ?.

7

8

9

10

11

12

Satzmodelle

1. Willi und Milli — können — am Sonntag — fernsehen.
2. Am Sonntag — können — sie — fernsehen.
3. Wann — können — Willi und Milli — fernsehen?
4. Können — sie — am Sonntag — fernsehen?

9 *Ordne den Sätzen die Satzmodell-Nummer zu.* AB 8

?	Ein Tiger kann schnell laufen.	?	Wann willst du kommen?
?	Ihr könnt den Zoo besuchen.	?	Wollt ihr nach Bern mitfahren?
?	Was möchtest du essen?	?	Im Sommer kann man schwimmen.
?	Kannst du Oma anrufen?	?	Auf Elefanten möchten wir reiten.

10 *Höre die Wörter. Ist das „s“ weich*  *oder hart* *?*

	s	s		s	s
1. Sonntag	?	?	7. Kassette	?	?
2. fressen	?	?	8. rosa	?	?
3. Hausaufgaben	?	?	9. Asien	?	?
4. Sofa	?	?	10. Tennis	?	?
5. Dienstag	?	?	11. singen	?	?
6. lesen	?	?	12. fernsehen	?	?

11 *Sucht einen Partner. Macht Dialoge.* AB 9

Das habe ich gelernt:

Was kannst du (sehr) gut?	Ich kann (sehr) gut schwimmen.	
Was kannst du nicht (so) gut?		Ich kann nicht (so) gut tauchen.
Kannst du schnell laufen?	Ja, ich kann (sehr) schnell laufen.	Nein, ich kann nicht (so) schnell laufen.
Wie kannst du rechnen?	Ich kann (sehr) gut/ prima/toll rechnen.	Ich kann (gar) nicht gut rechnen.

Die Schlaumeier im Zoo

Die Zauberschule

Der Zauberlöffel

1. Misch etwas Salz und Pfeffer!
   Gib Salz und Pfeffer auf einen Teller!
2. Nimm einen Plastiklöffel und ein Wolltuch!
   Reibe den Löffel mit dem Wolltuch!
3. Halte den Löffel über den Teller!
   Simsalabim!
4. Der Pfeffer springt an den Zauberlöffel.

Das Zauberglas

1. Nimm ein Glas!
   Füll das Glas ganz mit Wasser!
2. Leg ein Stück Pappe auf das Glas!
   Halte die Pappe gut fest!
3. Dreh das Glas vorsichtig um!
   Zieh die Hand langsam weg!
   Simsalabim!
4. Das Wasser bleibt im Zauberglas.

Die Zauberkarte

1. Nimm eine Tasse, eine Postkarte und
   ein Glas Wasser!
2. Falte die Postkarte im Zickzack!
   Leg nun die Postkarte auf die Tasse!
3. Stell das Glas Wasser auf die Postkarte!
   Simsalabim!
4. Die Zauberkarte trägt das Glas Wasser.

1 *Mach die Zaubertricks mit deinem Partner: Einer liest und der andere zaubert. Wechselt euch ab und gebt dann eine Zaubervorstellung.*

AB 1

 A Annika	 B Annika und Till	 C Herr Gohl	 D Herr und Frau Gohl
~~du~~	~~ihr~~	Sie	Sie
Nimm den Ball!	Lauft los!	Machen Sie bitte das Licht an!	Kommen Sie bitte um fünf Uhr!

2 *Zu wem sagt man das? Ordne zu und notiere in dein Heft.* AB 2

C, D	Passen Sie bitte auf!	?	Gib Jule bitte das Heft!
?	Macht das Fenster zu!	?	Sprich bitte langsam!
?	Nimm das Glas!	?	Hör bitte zu!
?	Seid bitte still! Ruhe!	?	Sprecht bitte leise!
?	Sei nicht so laut!	?	Seien Sie um zehn Uhr hier!
?	Lesen Sie bitte den Text!	?	Nehmt das Schwimmzeug mit!
?	Lies bitte die Geschichte vor!	?	Geben Sie das Buch zurück!

3 *Anweisungen geben: Sag deinem Partner, deinen Mitschülern und Lehrern, was sie tun sollen.*

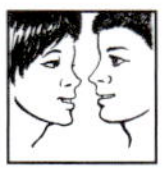 

1. aufstehen
2. rausgehen
3. ein Lied singen
4. das Fenster aufmachen
5. die Tür zumachen
6. einen Löwen malen
7. ein Wort schreiben
8. das Licht anmachen
9. das Licht ausmachen

4 *Lies den Text.*

AB 3

Der Zirkus gehört Familie Zimpanelli. Es gibt den Zirkus nun schon seit 100 Jahren. Von April bis Oktober gibt er Vorstellungen überall in Europa: Im April und im Mai ist er in Frankreich und in Spanien. Im Juni ist er in Italien, im Juli ist er dann in Dänemark. In Deutschland gibt er im August und im September Vorstellungen. Dann ist er vier Wochen in Österreich und kommt am 31. Oktober in das Winterquartier zurück. Das Winterquartier von Zirkus Zimpanelli ist in München. Bei Zirkus Zimpanelli arbeiten im Sommer 150 Leute. Im Winterquartier sind aber nur 100 Zirkusleute. Im Winter besuchen die Zirkuskinder die Schule in München und im Sommer gehen sie in die Zirkusschule.

A Ernesto Zimpanelli

B Die drei Bravos

C Castor

D Zippo und Zappo

E Blasius Oreganus

5 *Hört das Zirkusprogramm. Was passt zu wem?*

1. ? ist der Zirkusdirektor.
2. ? sind die Clowns.
3. ? ist der Zauberer.
4. ? sind die Artisten.
5. ? ist der Dompteur.
6. ? machen Musik.
7. ? hat Tiger, Löwen und Leoparden.
8. ? zeigt die Pferde-Nummer.
9. ? hat einen Zauberdrachen.
10. ? laufen und tanzen über das Seil.

6 *Lest mit verteilten Rollen und spielt vor.*

Probe bei Zirkus Zimpanelli

1. Zauberdrache, spring auf den Wagen!

2. Aber der Zauberdrache fällt neben den Wagen.

3. Flieg über den Wagen!

4. Aber er fällt vor den Wagen.

5. Flieg in den Wagen!

6. Aber er fällt hinter den Wagen.

7 *Lest und dichtet weiter.*

AB 4

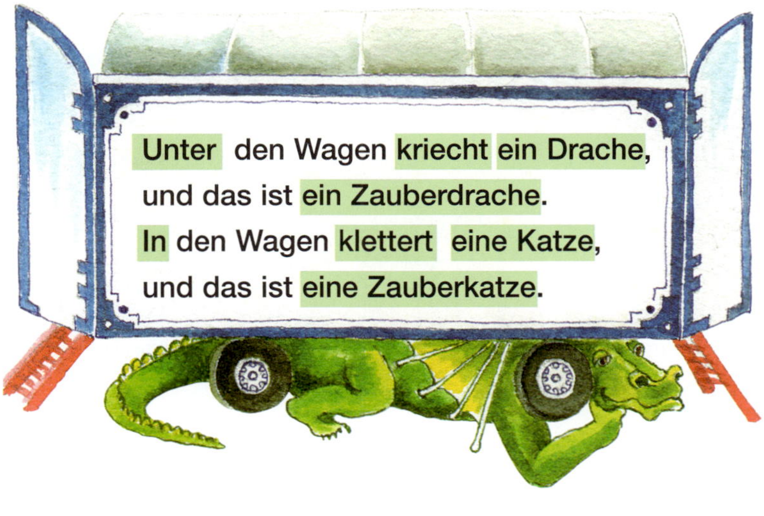

Unter den Wagen kriecht ein Drache,
und das ist ein Zauberdrache.
In den Wagen klettert eine Katze,
und das ist eine Zauberkatze.

neben	– springen	– Känguru
vor	– laufen	– Zebra
auf	– klettern	– Affe
über	– fliegen	– Papagei
hinter	– fallen	– Maus
unter	– kriechen	– Schlange

8 *Setzt das Gedicht mit Zappo und dem Satzkreis fort.* AB 5, 6

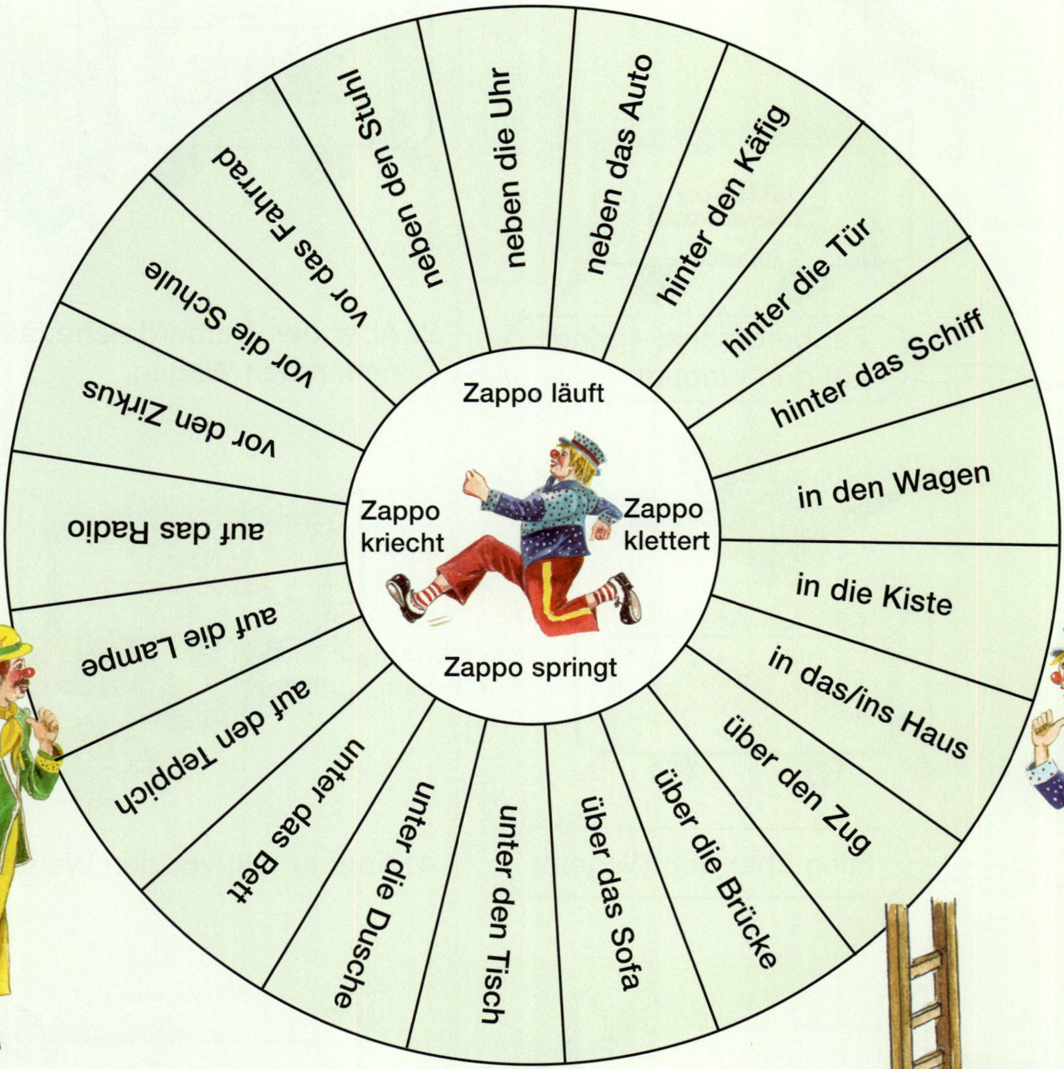

Zappo springt im Galopp,
in die Kiste hopplahopp.
Wohin läuft er im Galopp?
Vor den Zirkus hopplahopp.

Schule für Zirkuskinder

von JÜRGEN KRAUSE

DÜSSELDORF. Es gibt ungefähr 200 Familienzirkusse in Deutschland. Neben Vater, Mutter, Oma, Opa, Tante und Onkel hat jeder Familienzirkus fünf bis sechs Kinder. Zirkuskinder haben viele Aufgaben und helfen überall mit. Sie pflegen und füttern auch die Zirkustiere.

Früher war der Schulbesuch für die Kinder ein Problem. Überall waren die Zirkuskinder nur kurze Zeit an einer Schule – manchmal an 40 bis 50 Schulen pro Jahr.

Heute gibt es Schulen für Zirkuskinder. Seit 1994 gibt es in Nordrhein-Westfalen ein fahrendes Klassenzimmer. Das ist Unterricht im Schulwagen. Ein Schulwagen und die Lehrerinnen kommen zweimal pro Woche zu jedem Zirkus. Das kann auch am Samstag oder Sonntag sein. Dann haben die Kinder fünf bis sechs Stunden Unterricht. Hausaufgaben gibt die Lehrerin für jeden Tag auf. Am Nachmittag machen die Kinder dann in der Vorstellung mit.

Die Zirkusschule gibt es schon als Internet-Mobil. Die Zirkuskinder haben mit dem Lehrer Online-Video-Konferenzen. Dann können sie den Lehrer sehen, hören und sprechen. Mit dem Internet-Mobil kann jeden Tag Unterricht sein.

9a *Lies den Zeitungstext und notiere in dein Heft.*

AB 7

die Überschrift: ?
das Thema: ?
der Autor: ?
Absatz 1: von Zeile 3 bis Zeile 10
Absatz 2: ?
Absatz 3: ?
Absatz 4: ?

b *Welcher Absatz berichtet darüber?*

1. Online-Zirkusschule	Absatz 4	6. Internet-Mobil	Absatz ?
2. Aufgaben für die Zirkuskinder	Absatz ?	7. viele Schulen pro Jahr	Absatz ?
3. Schulbesuch früher	Absatz ?	8. Schultage pro Woche	Absatz ?
4. Zirkusfamilien	Absatz ?	9. Hausaufgaben	Absatz ?
5. Unterricht im Schulwagen	Absatz ?	10. Familienzirkusse	Absatz ?

10a *Hört die Wörter. Ist das „s“ weich oder hart ?*

	s (weich)	s (hart)		s (weich)	s (hart)
1. Zirkus	?	?	7. Zoo	?	?
2. Simsalabim	?	?	8. langsam	?	?
3. Zickzack	?	?	9. leise	?	?
4. Plastik	?	?	10. Zaubertrick	?	?
5. sei	?	?	11. Fußball	?	?
6. Tasse	?	?	12. Nase	?	?

ss ß z spricht man immer aus.

s am Wort- und Silbenanfang spricht man immer aus.

b *Lest die Wörter vor.*

s (hart)		s (weich)	
Katze	Schloss	Sommer	leise
Basketball	ganz	Musik	Museum
Zebra	Pizza	Suppe	Sabrina
essen	heißen	Sofa	Brotdose
Zirkus	kurz	sieben	lesen

Wer das Wort richtig liest, bekommt einen Punkt.

meine Punkte ?

11 *Sucht einen Partner. Macht Dialoge.*

AB 8, 9

Das habe ich gelernt:

Kannst du bitte den Text vorlesen?	Lies bitte den Text vor!
Könnt ihr um eins in der Schule sein?	Seid bitte um eins in der Schule!
Können Sie bitte leise sprechen?	Sprechen Sie bitte leise!
Wohin gehen die Schüler?	In die Schule.
Wohin gehen die Besucher?	In den Zirkus.
	Ins Kino.

Die Schlaumeier zeigen Zaubertricks

die Milch · das Brot (-e) · der Salat (-e) · die Marmelade (-n) · die Apfelsine (-n)

die Wurst (¨-e) · die Möhre (-n) · das Wasser · die Tomate (-n) · das Ei (-er)

die Gurke (-n) · der Kuchen (-) · der Jogurt (-s) · der Honig · der Kakao

der Keks (-e) · das Brötchen (-) · der Tee · die Banane (-n) · die Butter

die Kartoffel (-n) · der Kaffee · der Apfel (¨-) · der Saft (¨-e) · der Lachs (-e)

die Weintrauben (Pl.) · die Limo (-s) · der Käse · das Huhn (¨-er) · die Birne (-n)

1 *Wozu gehören die Nahrungsmittel? Fragt euch gegenseitig.* AB 1

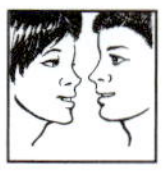

Obst · Gemüse · Fleisch/Fisch · ein Getränk · eine Backware · ein Milchprodukt

Was ist der Jogurt?

Der Jogurt ist ein Milchprodukt.

2 *Was schmeckt dir (nicht)? Was magst du (nicht)?*
Fragt euch gegenseitig und macht eine „Klassen-Hitliste“.

AB 2

Das schmeckt mir	gut	sehr gut	am besten.
Das mag ich	gern	sehr gern	am liebsten.

Das schmeckt mir	nicht (gut)	gar nicht (gut).
Das mag ich	nicht (gern)	gar nicht (gern).

Was schmeckt dir **am besten**?
Was magst du **am liebsten**?

Am besten schmecken mir Bananen.
Am liebsten mag ich Bananen.

3 *Wie schmeckt das? Fragt euch gegenseitig.*

AB 3, 4

Welcher Kuchen (Salat/Saft) ist ...?
Welches Getränk (Brötchen/Eis) ist ...?
Welche Suppe (Torte/Pizza) ist ...?
Welche Nahrungsmittel sind ...?

Welcher Kuchen ist lecker?

Der Apfelkuchen.

Apfel-	-kuchen	=	der Apfelkuchen
Wurst-	-salat		
Tomaten-	-saft		der Apfelsaft
Fleisch-			
Kartoffel-	-getränk		das Apfelgetränk
Fisch-	-brötchen		
Birnen-	-eis		das Apfeleis
Käse-			
Hühner-	-suppe		die Apfelsuppe
Bananen-	-torte		die Apfeltorte
Eier-	-pizza		
Gurken-			

Schulkiosk

Speisen

Wurstbrötchen	1,10 €
Käsebrötchen	1,10 €
Pizza	1,20 €
Banane/Apfel/Birne	0,40 €
Kartoffelsalat	0,80 €
Würstchen	1,20 €

Getränke

Milch/Kakao	0,60 €
Apfelsaft	0,60 €
Orangensaft	0,65 €
Limo/Cola	0,70 €

Kuchen

ein Stück:

Schokoladenkuchen	1,10 €
Apfelkuchen	1,10 €
Kekse	1,20 €

4 *Spielt den Dialog am Schulkiosk. Macht dann neue Dialoge.* AB 5, 6

Was möchtest du? → Ich möchte bitte einen Kakao.

Er kostet 60 Cent. → Okay, ich nehme ihn.

einen Apfelsaft	–	er	–	ihn
ein Stück Kuchen	–	es	–	es
eine Banane	–	sie	–	sie
Kekse	–	sie	–	sie

5 *Hör das Interview. Was essen die Kinder in der Pause?*

Moritz	?
Vanessa	?
Martina	?
Paul	?
Tim	?
Sofia	?

6 *Schreibt eine Speisekarte und spielt Dialoge im Hexenrestaurant.* AB 7

Was möchtest du essen?
Was kann ich für dich bringen?

Ich möchte Suppe.
Für mich bitte Tigersuppe.

Was möchtet ihr trinken?
Was kann ich für euch bringen?

Wir möchten Saft.
Für uns bitte Zaubersaft.

Hexen-	-eis	-saft
Zauber-	-kuchen	-limonade
Drachen-	-torte	-kaffee
Monster-	-brot	-tee
Dracula-	-brötchen	-kakao
Schlangen-	-salat	-suppe
Hokuspokus-	-käse	-wasser
Tiger-	-wurst	

In der Bäckerei

Die Klasse von Frau Höft besucht am Dienstag die Bäckerei. Hier sind sie im Garten mit Bäcker Grund und seinen Leuten.

Sie wollen Brötchen und Kekse backen. In der Bäckerei müssen sie eine Mütze tragen. Der Teig für die Brötchen ist schon fertig.

Florian muss den Teig kneten, Nico muss den Teig rollen und Sabrina muss die Brötchen dekorieren.

Steffen und Lino müssen die Kekse auf das Blech legen. Dann können die Kekse in den Backofen.

Hier sind die Kekse fertig. Es sind Osterhasen-Kekse. Saviye, Sabrina und Jacqueline müssen die Kekse dekorieren.

Zum Schluss bekommen die Kinder die fertigen Brötchen und Kekse. Hier ist Moritz, er zeigt seine Brötchen. „Guten Appetit, Moritz!“

7 *Lest den Text und spielt das Bäckerei-Quiz.*

Bäckerei-Quiz

1. Welcher Schüler knetet den Teig?
2. Welche Schülerin dekoriert die Brötchen?
3. Welches Kind zeigt seine Brötchen?
4. Welche Mädchen dekorieren Kekse?
5. Wie heißt der Bäcker?
6. Wohin kommt das Backblech?
7. Wann besuchen die Kinder die Bäckerei?
8. Wer ist die Lehrerin?
9. Was tragen alle Kinder?
10. Was sieht man auf Foto 2?
11. Wen sieht man auf Foto 1?
12. Wo sieht man Bäcker Grund?

Wer die meisten Punkte hat, gewinnt.

meine Punkte
?

8a *Was muss man in einer Bäckerei machen? Sortiert und erzählt bitte.* AB 8

Man **muss** eine Mütze **tragen**.

?	Kekse und Brötchen backen
?	den Teig rollen
1	eine Mütze tragen
?	den Teig kneten
?	die Kekse und Brötchen dekorieren
?	die Backwaren auf das Backblech legen
?	den Teig machen
?	das Backblech in den Ofen geben

b *Schreibe in dein Heft.* AB 9

In der Bäckerei muss man eine Mütze tragen.
Zuerst muss man ...
Dann ...
Nun ...
Dann ...
Danach ...
Dann ...
Zum Schluss ...

9 *Hört die Wörter. Wann ist das „ch“ hell , wann dunkel ? Lest euch die Wörter dann gegenseitig vor.*

	ch	ch		ch	ch
1. Koch	-	X	12. Milch	?	?
2. nicht	X	-	13. doch	?	?
3. nach	?	?	14. Küche	?	?
4. leicht	?	?	15. rechnen	?	?
5. Kuchen	?	?	16. kriechen	?	?
6. möchte	?	?	17. euch	?	?
7. mich	?	?	18. machen	?	?
8. suchen	?	?	19. Köche	?	?
9. Nacht	?	?	20. Tochter	?	?
10. Nächte	?	?	21. Woche	?	?
11. auch	?	?	22. dich	?	?

Nach **a - o - u - au** spricht man **ch** immer .

Nach **e - i - ie - ei - eu - ä - ö - ü** spricht man **ch** immer .

10 *Sucht einen Partner. Macht Dialoge.*

Das habe ich gelernt:

Wie schmeckt dir Obst?	Obst schmeckt mir gut.
Wie schmecken dir Kekse?	Kekse schmecken mir sehr gut.
Was schmeckt dir?	am besten.
Schmeckt dir Obst?	nicht.
	gar nicht.
Was magst du?	Ich mag Obst gern.
Magst du Obst?	sehr gern.
	am liebsten.
	nicht.
	gar nicht.
Welches Getränk ist lecker?	Apfelsaft ist lecker.
Welcher Salat schmeckt furchtbar?	Drachensalat schmeckt furchtbar.
Was muss ein Kind machen?	Es muss trinken.
Muss ein Kind kochen?	Nein, es muss nicht kochen.

Die Schlaumeier in der Schulküche

LEKTION 14

Reisen machen

Hanno

Anna

1 *Was muss in Hannos Rucksack? Was muss in Annas Koffer? Erzählt bitte.* AB 1, 2

In Annas Koffer müssen ihr Gürtel, ihr T-Shirt, ihre Bluse, ihre Schuhe, ...

In Hannos Rucksack müssen sein Gürtel, sein T-Shirt, seine Mütze, seine Schuhe, ...

2a *Vermutet: Wohin fährt Anna? Wohin fährt Hanno?* AB 3

die Ostsee

die Alpen

die Insel Ibiza

der Königssee

Salzburg

der Schwarzwald

Wohin?
in die Alpen
in die Berge
in den Schwarzwald
in den Wald
an die Nordsee/Ostsee
ans Meer
an den Königssee
an den See
auf die Insel Ibiza
nach Ibiza
nach Salzburg

b *Fragt euch gegenseitig.* AB 4

● Wohin fährst du am liebsten?
○ Ich fahre am liebsten ...
● Fährst du gern in den Wald?
○ Nein, ich fahre lieber ...

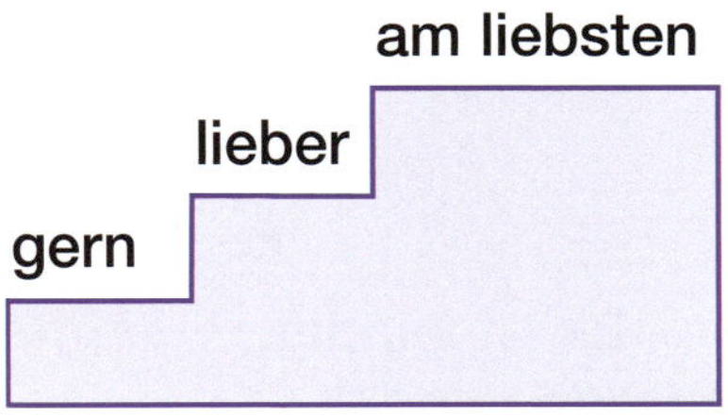

3 *Hanno und Anna erzählen. Hör zu und lies: Was ist richtig? Was ist falsch?* AB 5

	R	F
1. Der Junge heißt Hanno Schulze.	?	?
2. Er fährt in die Berge.	?	?
3. Er fährt in die Schweiz.	?	?
4. Er bleibt eine Woche.	?	?
5. Er fährt allein.	?	?
6. Er reist mit dem Zug.	?	?
7. Er will nach Innsbruck.	?	?

	R	F
1. Das Mädchen heißt Anna Hoffmann.	?	?
2. Sie will nach Italien.	?	?
3. Sie mag das Meer.	?	?
4. Sie bleibt drei Wochen.	?	?
5. Sie fährt mit der Familie.	?	?
6. Sie reist mit dem Auto.	?	?
7. Sie will nach Ibiza.	?	?

4 *Ferien und Reisen: Interviewt euch gegenseitig.* AB 6

der Ausflug • der Strand • die Zugfahrt der Flug • das Hotel • das Zimmer das Essen • das Wetter • die Reise das Sportprogramm • das Abendprogramm die Autofahrt • die Ferien • die Ferienfreunde	 gut toll fantastisch interessant	 nicht gut langweilig blöd/doof furchtbar

Wohin seid ihr gefahren?

In .../An .../Nach ...

Wie war eure Reise?	Unsere Reise war ...
Wie war euer Flug?	Unser Flug war ...
Wie war euer Hotel?	Unser Hotel war ...
Wie waren eure Ferienfreunde?	Unsere Ferienfreunde waren ...
...	...

5 *Ordne zu und erzähle bitte.* AB 7

Willis Wetterbericht

Wettervorhersage für Deutschland am 14. Juni

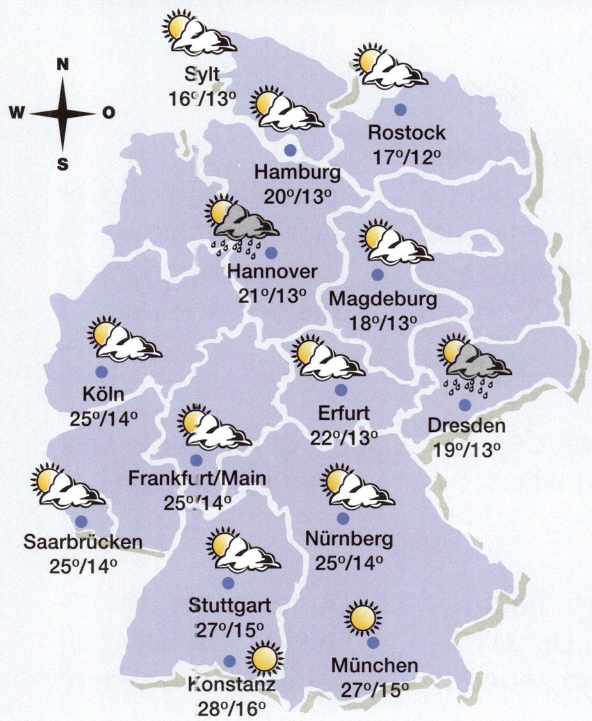

Im Norden: Mal mehr, mal weniger Wolken, nur vereinzelt Regenschauer. Schwacher bis mäßiger Wind aus Südwest. 16 bis 20 Grad, nachts um 12 Grad.

Im Süden: Teils sonnig, teils wechselnd bewölkt, trocken. Höchstwerte 25 bis 28 Grad, im Breisgau bis 30 Grad.

Im Westen: Mehr Sonnenschein als Wolken, meist trocken. Schwacher bis mäßiger Wind aus Südwest bis West. 21 bis 25 Grad, in der Nacht 13 bis 14 Grad.

Im Osten: Mal mehr, mal weniger Wolken, vereinzelt Regenschauer. Mäßiger Wind aus Südwest bis West. 17 bis 19 Grad, in der Nacht 12 bis 13 Grad.

6a *Lies bitte. Wie wird das Wetter am 14. Juni in Deutschland? Was ist richtig, was ist falsch?*

	R	F
1. Im Norden kann es regnen.	?	?
2. Im Westen regnet es nicht.	?	?
3. Im Süden regnet es.	?	?
4. Im Osten ist es wolkig.	?	?
5. Im Westen ist es sehr warm.	?	?
6. Im Süden ist es windig.	?	?
7. Im Norden ist es in der Nacht kalt.	?	?
8. Im Osten regnet es nicht.	?	?

b *Reisewetter: Nehmt eine Landkarte und spielt den Wetterbericht im Fernsehen.*

In Antalya scheint die Sonne.
Es ist sehr heiß.
In Antalya sind 32 Grad.

AB 8

Reisewetter

Antalya ....32°C sonnig	Lissabon ....30°C wolkig	Prag.................23°C wolkig
Athen...............29°C sonnig	London............22°C Regen	Rom..................30°C sonnig
Budapest ....25°C wolkig	Madrid.............33°C sonnig	Stockholm.......18°C Regen
Dublin..............16°C Regen	Moskau ....20°C wolkig	Warschau ....20°C Regen
Helsinki ....18°C wolkig	Oslo.................19°C wolkig	Wien ....26°C sonnig
Istanbul ....25°C sonnig	Palma ....30°C sonnig	
Kopenhagen ...19°C Regen	Paris ....29°C sonnig	

7 *Welche Kleidung brauchst du? Fragt euch gegenseitig.* AB 9

Sommer- Winter- Regen- Jeans- Sport-	+	der Pullover • das Hemd • der Schal die Jacke • der Mantel • die Schuhe die Hose • die Bluse • die Sandalen der Gürtel • das Kleid • die Mütze der Hut • der Badeanzug • der Rock die Badehose • die Stiefel	=	der Winterpullover das Jeanshemd die Sommerjacke die Winterstiefel

1. Du fährst an den Bodensee. Du willst eine Radtour machen.
2. Du gehst an den Strand. Du willst baden.
3. Du gehst in die Disko. Du willst tanzen.
4. Du fliegst in den Süden. Du willst Badeferien machen.
5. Du fährst nach Alaska. Du willst Eisberge sehen.
6. Du fährst an die Ostsee. Du willst baden und wandern.

Du fährst in die Berge.
Du willst wandern.
Was ziehst du an?

Ich ziehe meinen Sommerpullover, meine Sporthose, mein Jeanshemd, meine Sportstiefel und meine Regenjacke an.
Ich trage auch meine Jeansmütze.

8 *Der Königssee in den Alpen: Was kann man da sehen? Fragt euch gegenseitig und erzählt.* AB 10

hinten links	hinten in der Mitte	hinten rechts
in der Mitte links	in der Mitte	in der Mitte rechts
vorn links	vorn in der Mitte	vorn rechts

Was ist in der Mitte rechts?

Da ist ein Wald.

9a Löse das Rätsel. Wo wohnt Julio in den Ferien?

Wir sind jetzt am Königssee. Auf der Postkarte siehst du unsere Pension. Sie heißt „Haus am Forst“. Oben ist das Zimmer von Mama und Papa. Es hat einen Balkon mit Blumen. Alle Zimmer im 1. Stock haben einen Balkon. In der Mitte siehst du mein Zimmer. Unten ist die Terrasse. Da sitzen wir, wenn die Sonne scheint. Unten in der Mitte ist eine Treppe. Vorn sind der Garten und die Straße. Rechts ist der Parkplatz. Hinten sieht man den Wald, die Berge sieht man auf der Postkarte nicht. Wo wohnen wir?

1

2

3

4

5

b Mach eine Tabelle in deinem Heft. Was ist wo in der Pension „Haus am Forst“?

	oben	unten	vorn	hinten	rechts	links	in der Mitte
der Parkplatz	?	?	?	?	?	?	?
die Terrasse	?	?	?	?	?	?	?
die Treppe	?	?	?	?	?	?	?
das Elternzimmer	?	?	?	?	?	?	?
Julios Zimmer	?	?	?	?	?	?	?
die Straße	?	?	?	?	?	?	?
der Garten	?	?	?	?	?	?	?
der Wald	?	?	?	?	?	?	?
die Blumen	?	?	?	?	?	?	?
die Balkons	?	?	?	?	?	?	?

10 *Hört zu. Wie muss man die Wörter betonen?*
Lest euch die Wörter dann gegenseitig vor.

1. Ferien und Reise = Ferienreise
2. Wetter und Bericht = Wetterbericht
3. Post und Karte = Postkarte

4. Bodensee
5. Sportprogramm
6. Reisewetter
7. Badehose
8. Autofahrt
9. Regenmantel
10. Winterschuhe
11. Königssee
12. Gartenstuhl
13. Fußball-Klub
14. Fahrradtour
15. Mittelmeer
16. Elternzimmer
17. Sommerferien

Wer das Wort richtig liest, bekommt einen Punkt.

meine Punkte ?

11 *Sucht einen Partner. Macht Dialoge.*

AB 11

Das habe ich gelernt:

Wohin fährst du? Wohin fliegst du? Wohin gehst du?	An den See/An die Ostsee. Ans Meer. Auf die Insel Ibiza. In den Wald/In die Berge. In die Schweiz/In die Türkei. Nach Ibiza/Nach Wien/Nach Griechenland.
Fährst du gern ans Meer?	Nein, ich fahre lieber nach Wien.
Wie ist das Wetter?	Es ist sonnig/wolkig/windig/kalt/warm/heiß. Es schneit. Es regnet. Die Sonne scheint.
Was ziehst du an? Was trägst du gern?	Ich ziehe meinen/mein/meine ... an. Ich trage gern meinen/mein/meine ...

Die Schlaumeier auf Klassenfahrt

Alphabetische Wörterliste

Hier findest du den Wortschatz von *Das neue Deutschmobil 1*. Eigennamen von Personen und Städten wurden nicht aufgenommen. Zu jedem Wort sind Lektion, Seite und Aufgabe angegeben, in der das Wort zum ersten Mal vorkommt. Fett gedruckte Wörter stehen auf der Liste zum „Zertifikat Deutsch“.

ab L 10, S. 85/9
ABC, das L 1, S. 14/14
Abend, der, -e L 2, S. 16/1
abends L 8, S. 66/6
aber L 3, S. 31/Comic
Abflug, der, Abflüge L 10, S. 80/2
abholen L 8, S. 64/1
Absatz, der, Absätze L 12, S. 101/9
acht L 3, S. 25/4
achtzig L 5, S. 42/5
Adler, der, - L 11, S. 90/4
Affe, der, -n L 11, S. 88/1
Afrika L 11, S. 90/4
Alaska L 10, S. 84/7
alle L 5, S. 47/Comic
allein L 11, S. 92/5
alles L 11, S. 90/3
Alpen, die (Pl.) L 14, S. 113/2
als L 12, S. 101/9
also L 3, S. 31/Comic
alt L 5, S. 40/1
am L 6, S. 49/1
am Montag L 8, S. 65/5
am 1. Januar L 9, S. 74/5
Amerika L 11, S. 91/4
an L 12, S. 96/1
an Bord L 10, S. 84/7
Ananas, die, - L 1, S. 11/10
Anfang, der, Anfänge L 12, S. 102/10
anfangen L 9, S. 72/1
anmachen L 12, S. 97/2
Anorak, der, -s L 14, S. 112/1
anrufen L 8, S. 66/6
ans L 14, S. 113/2
Antwort, die, -en L 5, S. 41/3
anziehen L 14, S. 116/7
Apfel, der, Äpfel L 13, S. 104/1
Apfelsaft, der, -säfte L 13, S. 106/4
Apfelsine, die, -n L 13, S. 104/1
Appetit, der L 13, S. 108/7
April, der L 9, S. 72/1
arbeiten L 9, S. 72/1
Artist, der, -en L 12, S. 98/5

Asien L 11, S. 91/4
auch L 3, S. 30/14
auf L 7, S. 61/10
auf Deutsch L 7, S. 57/5
Auf Wiedersehen! L 2, S. 17/1
aufdrehen L 11, S. 93/8
Aufgabe, die, -en L 12, S. 101/9
aufgeben L 12, S. 101/9
aufgehen L 12, S. 103/Comic
aufmachen L 8, S. 66/6
aufpassen L 12, S. 97/2
aufräumen L 8, S. 66/6
aufstehen L 8, S. 66/6
Auge, das, -n L 11, S. 93/8
August, der L 9, S. 72/1
aus L 5, S. 43/8
Ausflug, der, Ausflüge L 7, S. 59/7
ausmachen L 12, S. 97/3
aussehen L 10, S. 85/9
aussprechen L 12, S. 102/10
Australien L 11, S. 91/4
Auto, das, -s L 5, S. 43/8
Autofahrt, die, -en L 14, S. 114/4
Autor, der, -en L 12, S. 101/9
Backblech, das, -e L 13, S. 108/7
backen L 8, S. 64/1
Bäcker, der, - L 13, S. 108/7
Bäckerei, die, -en L 13, S. 108/7
Backofen, der, -öfen L 13, S. 108/7
Backware, die, -en L 13, S. 104/1
Badeanzug, der, -anzüge L 14, S. 112/1
Badehose, die, -n L 14, S. 118/10
baden L 14, S. 116/7
Badewanne, die, -n L 6, S. 52/6
Badezimmer, das, - L 6, S. 48/1
Balkon, der, -s/-e L 6, S. 53/8
Ball, der, Bälle L 7, S. 59/7

Ballett, das, -e L 1, S. 11/10
Ballon, der, -s L 10, S. 83/6
Ballonfahrer, der, - L 10, S. 85/9
Ballonfahrt, die, -en L 10, S. 83/6
Banane, die, -n L 1, S. 11/10
Bank, die, Bänke L 6, S. 52/6
Bär, der, -en L 11, S. 90/4
Basketball, der, -bälle L 1, S. 11/10
basteln L 10, S. 83/6
bauen L 9, S. 72/1
Baum, der, Bäume L 11, S. 93/8
bei L 4, S. 35/7
Bein, das, -e L 11, S. 93/8
bekommen L 9, S. 77/11
Berg, der, -e L 14, S. 113/2
besonders L 11, S. 92/6
Besuch, der, -e L 4, S. 35/7
besuchen L 11, S. 94/9
Bett, das, -en L 6, S. 49/1
bewölkt L 14, S. 115/6
Biene, die, -n L 1, S. 9/4
bin → sein L 2, S. 20/7
Biologie, die L 8, S. 67/8
Biologin, die, -nen L 1, S. 11/10
Birne, die, -n L 13, S. 104/1
bis L 9, S. 75/8
bist → sein L 2, S. 20/7
bitte L 10, S. 80/2
blau L 7, S. 56/3
Blech, das, -e L 13, S. 108/7
bleiben L 4, S. 37/12
Bleistift, der, -e L 7, S. 56/1
Block, der, Blöcke L 7, S. 56/1
blöd L 8, S. 68/10
Blume, die, -n L 8, S. 64/1
Bluse, die, -n L 14, S. 112/1
Bodensee, der L 14, S. 116/7
Boxen, das L 1, S. 11/10
Brasilien L 10, S. 84/7
brauchen L 7, S. 59/8
braun L 7, S. 56/3
breit L 11, S. 93/8
Brief, der, -e L 8, S. 64/1
Brille, die, -n L 7, S. 56/1

bringen L 7, S. 63/Comic
Brot, das, -e L 8, S. 64/1
Brötchen, das, - L 13, S. 104/1
Brotdose, die, -n L 7, S. 56/1
Brücke, die, -n L 5, S. 45/10
Bruder, der, Brüder L 4, S. 32/1
Buch, das, Bücher L 6, S. 49/2
Büffel, der, - L 1, S. 9/4
Buntstift, der, -e L 7, S. 56/1
Büro, das, -s L 10, S. 81/3
Butter, die L 13, S. 104/1
CD, die, -s L 4, S. 34/6
Cent, der, - L 13, S. 106/4
Chaos, das L 8, S. 71/Comic
China L 10, S. 84/7
Choreografie, die, -n L 7, S. 61/10
Clown, der, -s L 12, S. 98/5
Cola, die, -s L 4, S. 39/Comic
Computer, der, - L 4, S. 34/6
computern L 3, S. 24/1
Cousin, der, -s L 9, S. 75/8
Cousine, die, -n L 9, S. 75/8
da L 4, S. 39/Comic
danach L 13, S. 109/8
Dänemark L 12, S. 98/4
danke L 2, S. 22/11
dann L 9, S. 73/3
das L 2, S. 21/10
dauern L 10, S. 83/6
dein, deine L 4, S. 35/9
dekorieren L 13, S. 108/7
denn L 5, S. 47/Comic
deshalb L 11, S. 93/8
Deutsch, das L 8, S. 67/8
Deutschland L 5, S. 40/1
Dezember, der L 9, S. 72/1
dich L 13, S. 107/6
dick L 7, S. 57/4
Dienstag, der, -e L 8, S. 64/1
dieser, dieses, diese L 9, S. 77/11
Dingsda, das, -s L 7, S. 58/6
dir L 13, S. 105/2
Disko, die, -s L 14, S. 116/7
doch L 3, S. 31/Comic
Dompteur, der, -e L 12, S. 98/5
Donnerstag, der, -e L 8, S. 64/1
doof L 8, S. 68/10
dort L 4, S. 37/12
Drache, der, -n L 1, S. 10/7
Drachen, der, - L 9, S. 72/1
drankommen L 8, S. 68/11
drei L 3, S. 25/4
dreißig L 5, S. 42/5
drinstehen L 11, S. 90/3
du L 2, S. 20/7
dünn L 7, S. 57/4
Dusche, die, -n L 6, S. 49/2
duschen L 6, S. 49/1
eckig L 7, S. 57/4
Ei, das, -er L 13, S. 104/1
Eimer, der, - L 11, S. 93/8
Einfamilienhaus, das, -häuser L 6, S. 50/3
einkaufen L 10, S. 81/3
einladen L 9, S. 75/8
Einladung, die, -en L 9, S. 75/8
einpacken L 8, S. 66/6
eins L 3, S. 25/4
Eis, das, - L 9, S. 72/1
Eisbär, der, -en L 11, S. 89/2
Eisvogel, der, -vögel L 11, S. 91/4
Elefant, der, -en L 11, S. 88/1
elf L 5, S. 40/1
Elfenbein, das L 11, S. 93/8
Eltern, die (Pl.) L 4, S. 32/1
E-Mail, die, -s L 6, S. 53/8
Englisch, das L 8, S. 67/8
er L 3, S. 24/1
Erde, die L 10, S. 85/9
Erdgeschoss, das, -e L 6, S. 53/8
Erdkunde, die L 8, S. 67/8
erzählen L 10, S. 84/7
Erzählstunde, die, -n L 10, S. 83/6
es L 5, S. 43/8
es gibt → geben L 6, S. 50/3
essen L 6, S. 49/1
Essen, das, - L 6, S. 49/1
Esszimmer, das, - L 6, S. 48/1
etwas L 12, S. 96/1
euch L 13, S. 107/6
euer, eure L 14, S. 114/4
Eule, die, -n L 1, S. 9/4
Euro, der, -s L 5, S. 47/Comic
Europa L 11, S. 91/4
fahren L 5, S. 40/1
Fahrrad, das, Fahrräder L 5, S. 40/1
Fahrt, die, -en L 10, S. 83/6
fallen L 12, S. 99/6
falsch L 3, S. 27/8
falten L 12, S. 96/1
Familie, die, -en L 4, S. 32/1
fantastisch L 6, S. 52/6
Farbe, die, -n L 7, S. 56/3
fauchen L 11, S. 90/3
Februar, der L 9, S. 72/1
feiern L 9, S. 72/1
Feiertag, der, -e L 9, S. 77/11
Fenster, das, - L 12, S. 97/2
Ferien, die (Pl.) L 9, S. 72/1
fernsehen L 8, S. 66/6
Fernsehen, das L 6, S. 51/5
Fernseher, der, - L 6, S. 49/2
fertig L 13, S. 108/7
Fest, das, -e L 7, S. 61/10
festhalten L 12, S. 96/1
Feuerwerk, das, -e L 9, S. 77/11
Film, der, -e L 6, S. 51/5
finden L 6, S. 50/3
(gut) finden L 8, S. 68/10
Fisch, der, -e L 10, S. 84/7
Flamingo, der, -s L 11, S. 89/2
Fleisch, das L 11, S. 88/1
fliegen L 10, S. 80/2
Flug, der, Flüge L 14, S. 114/4
Flugzeug, das, -e L 10, S. 80/2
Fluss, der, Flüsse L 5, S. 45/10
Foto, das, -s L 4, S. 35/9
Frage, die, -n L 5, S. 41/3
fragen L 11, S. 90/3
Frankreich L 12, S. 98/4
Frau, die, -en L 2, S. 20/7
frei L 11, S. 92/5
Freitag, der, -e L 8, S. 64/1
fressen L 11, S. 88/1
Freund, der, -e L 9, S. 75/7
Freundin, die, -nen L 8, S. 66/6
froh L 9, S. 77/11
Frosch, der, Frösche L 1, S. 10/7
früher L 10, S. 84/7
Frühling, der, -e L 9, S. 73/3
frühstücken L 10, S. 81/3
füllen L 10, S. 85/9
Füller, der, - L 7, S. 56/1
fünf L 3, S. 25/4
fünfmal L 8, S. 69/12
fünfzig L 5, S. 42/5
für L 9, S. 75/8
furchtbar L 13, S. 105/3
Fußball, der, -bälle L 1, S. 11/10
Fußball-Klub, der, -s L 10, S. 83/6

Futter, das L 11, S. 92/5
füttern L 12, S. 101/9
Galopp, der L 12, S. 100/8
ganz L 6, S. 50/3
ganz (gut) L 8, S. 68/10
gar (nicht) L 11, S. 94/11
Garage, die, -n L 6, S. 53/8
Garten, der, Gärten L 6, S. 51/4
geben L 12, S. 96/1
Geburtstag, der, -e L 9, S. 72/1
gefährlich L 11, S. 88/1
gehen L 3, S. 27/8
gehören L 12, S. 98/4
gelb L 7, S. 56/3
Gemüse, das L 13, S. 104/1
Gepäck, das L 14, S. 119/Comic
gerade L 5, S. 45/10
gern L 3, S. 27/8
Geschenk, das, -e L 9, S. 76/9
Geschichte, die, -n L 8, S. 66/6
Geschichte, die (Schulfach) L 8, S. 67/8
gestern L 10, S. 87/Comic
Getränk, das, -e L 13, S. 104/1
gießen L 8, S. 64/1
Giraffe, die -n L 11, S. 89/2
Gitarre, die, -n L 1, S. 11/10
Glas, das, Gläser L 12, S. 96/1
Glückwunsch, der, -wünsche L 6, S. 55/Comic
Grad, der, -e L 14, S. 115/6
grau L 7, S. 56/3
Griechenland L 14, S. 118/11
groß L 7, S. 57/4
Großeltern, die (Pl.) L 4, S. 32/1
Großmutter, die, -mütter L 4, S. 32/1
Großvater, der, -väter L 4, S. 32/1
grüezi L 2, S. 17/1
grün L 7, S. 56/3
grüßen L 2, S. 17/1
Grüß dich! L 2, S. 17/1
Gurke, die, -n L 13, S. 104/1
Gürtel, der, - L 14, S. 112/1
gut L 2, S. 16/1
Guten Abend! L 2, S. 16/1
Guten Morgen! L 2, S. 16/1
Guten Tag! L 2, S. 16/1
haben L 4, S. 37/12
Hafen, der, Häfen L 5, S. 45/10
Hai, der, -e L 1, S. 9/4
halb (acht) L 10, S. 80/1
hallo L 2, S. 16/1
halten L 12, S. 96/1
Hamster, der, - L 1, S. 10/7
Hand, die, Hände L 12, S. 96/1
Handschuh, der, -e L 14, S. 112/1
Handy, das, -s L 9, S. 76/9
Haus, das, Häuser L 6, S. 48/1
Hausaufgabe, die, -n L 6, S. 49/1
Haustier, das, -e L 10, S. 83/6
heben L 11, S. 93/8
Heft, das, -e L 7, S. 56/1
heiß L 10, S. 85/9
heißen L 2, S. 20/7
Heißluftballon, der, -s L 10, S. 83/6
Hemd, das, -en L 14, S. 112/1
Herbst, der, -e L 9, S. 73/3
Herr, der, -en L 2, S. 20/7
herumlaufen L 11, S. 92/5
herzlich L 6, S. 55/Comic
heute L 6, S. 49/1
Hexe, die, -n L 13, S. 107/6
hier L 2, S. 20/7
Hilfe, die, -n L 4, S. 39/Comic
hinten L 5, S. 45/10
hinter L 12, S. 99/6
Hobby, das, -s L 4, S. 37/12
hoch L 10, S. 85/9
Höchstwert, der, -e L 14, S. 115/6
Holz, das, Hölzer L 10, S. 84/7
Honig, der L 13, S. 104/1
hören L 3, S. 24/1
Hose, die, -n L 14, S. 112/1
Hotel, das, -s L 1, S. 11/10
Huhn, das, Hühner L 4, S. 32/1
Hund, der, -e L 4, S. 32/1
hundert L 5, S. 42/5
Hut, der, Hüte L 14, S. 112/1
Ibiza L 14, S. 113/2
ich L 2, S. 20/7
ihn L 13, S. 106/4
ihr L 6, S. 51/5
ihr, ihre L 14, S. 112/1
Ihr, Ihre L 14, S. 119/Comic
im L 6, S. 49/1
immer L 5, S. 47/Comic
in L 4, S. 37/12
Indien L 10, S. 84/7
ins L 7, S. 61/10
Insel, die, -n L 14, S. 113/2
Instrument, das, -e L 7, S. 61/10
interessant L 14, S. 114/4
Internet-Mobil, das, -e L 12, S. 101/9
ist → sein L 2, S. 21/10
Italien L 12, S. 98/4
ja L 2, S. 21/9
Jacke, die, -n L 14, S. 112/1
Jaguar, der, -e L 1, S. 10/7
Jahr, das, -e L 5, S. 40/1
Jahreszahl, die, -en L 10, S. 84/7
Jahreszeit, die, -en L 9, S. 73/3
Januar, der L 9, S. 72/1
Japan L 10, S. 84/7
Jeans, die (Pl.) L 14, S. 112/1
jeder, jedes, jede L 6, S. 50/3
jeden Tag L 8, S. 69/12
jetzt L 8, S. 68/11
Jogurt, der, -s L 13, S. 104/1
Jugendhaus, das, -häuser L 10, S. 83/6
Juli, der L 9, S. 72/1
Junge, das, -n L 11, S. 92/5
Junge, der -n L 4, S. 34/5
Juni, der L 9, S. 72/1
Kaffee, der L 1, S. 11/10
Käfig, der, -e L 11, S. 92/5
Kakao, der L 13, S. 104/1
Kalender, der, - L 9, S. 72/1
kalt L 13, S. 105/3
Kamel, das, -e L 11, S. 89/2
Kamera, die, -s L 1, S. 11/10
Kamin, der, -e L 6, S. 53/8
Kanada L 10, S. 84/7
Känguru, das, -s L 1, S. 9/4
Kapitän, der, -e L 10, S. 84/7
Käpten, der, -s L 2, S. 17/1
Karate, das L 3, S. 24/1
Karneval, der, -s L 9, S. 72/1
Karte, die, -n L 12, S. 96/1
Kartoffel, die, -n L 13, S. 104/1
Kartoffelsalat, der, -e L 13, S. 106/4
Käse, der L 13, S. 104/1
Kassette, die, -n L 1, S. 13/13

Katze, die, -n L 4, S. 34/6
kaufen L 9, S. 72/1
Kaviar, der, -e L 10, S. 84/7
kein, keine L 6, S. 52/6
keinen Sinn haben L 7, S. 63/Comic
Keks, der, -e L 13, S. 104/1
Keller, der, - L 6, S. 53/8
Kilogramm (kg), das, - L 11, S. 88/1
Kilometer (km), der, - L 10, S. 85/9
Kind, das, -er L 4, S. 34/5
Kinderdorf, das, -dörfer L 6, S. 50/3
Kinderzimmer, das, - L 6, S. 48/1
Kino, das, -s L 3, S. 27/8
Kiosk, der, -e L 13, S. 106/4
Kirche, die, -n L 5, S. 45/10
Kiste, die, -n L 12, S. 100/8
Klamotte, die, -n L 14, S. 119/Comic
klar L 9, S. 73/3
Klasse, die, -n L 8, S. 66/6
Klassenzimmer, das, - L 12, S. 101/9
Klavier, das, -e L 5, S. 40/1
Klebstoff, der L 7, S. 56/1
Kleid, das, -er L 14, S. 112/1
klein L 7, S. 57/4
klettern L 3, S. 27/8
kneten L 13, S. 108/7
Koch, der, Köche L 13, S. 110/9
kochen L 6, S. 49/1
Koffer, der, - L 14, S. 112/1
kommen L 5, S. 43/8
Kommode, die, -n L 6, S. 52/6
König, der, -e L 4, S. 39/Comic
Königin, die, -nen L 4, S. 39/Comic
Königssee, der L 14, S. 113/2
können L 10, S. 82/5
Konzert, das, -e L 7, S. 61/10
Korb, der, Körbe L 10, S. 85/9
kostbar L 11, S. 93/8
kosten L 10, S. 85/9
Kostüm, das, -e L 9, S. 77/11
kräftig L 11, S. 93/8
kriechen L 11, S. 88/1
Krokodil, das, -e L 11, S. 88/1
Küche, die, -n L 6, S. 48/1
Kuchen, der, - L 8, S. 64/1
Kuli, der, -s L 7, S. 56/1
Kunst, die L 8, S. 67/8
kurz L 7, S. 57/4
Kutsche, die, -n L 5, S. 45/10
Lachs, der, -e L 13, S. 104/1
Lampe, die, -n L 6, S. 52/6
landen L 10, S. 85/9
lang L 7, S. 57/4
lange L 4, S. 37/12
langsam L 12, S. 96/1
langweilig L 14, S. 114/4
laufen L 11, S. 88/1
laut L 11, S. 90/3
leben L 6, S. 50/3
lecker L 13, S. 105/3
legen L 12, S. 96/1
Lehrer, der, - L 7, S. 61/10
Lehrerin, die, -nen L 7, S. 61/10
leicht L 7, S. 57/4
leider L 10, S. 82/5
leise L 12, S. 97/2
Leopard, der, -en L 12, S. 98/5
lernen L 2, S. 22/13
lesen L 5, S. 40/1
Leute, die (Pl.) L 12, S. 98/4
Lexikon, das, Lexika L 11, S. 88/1
Licht, das, -er L 12, S. 97/2
lieben L 10, S. 83/6
Lieblingsfach, das, -fächer L 8, S. 68/10
Lieblingstier, das, -e L 11, S. 95/Comic
Lied, das, -er L 1, S. 14/14
liegen L 5, S. 41/4
lila L 7, S. 56/3
Limo, die, -s L 6, S. 49/1
Limonade, die, -en L 13, S. 105/6
Lineal, das, -e L 7, S. 56/1
links L 14, S. 116/8
Löffel, der, - L 12, S. 96/1
Loggia, die, Loggien L 6, S. 53/8
loslaufen L 12, S. 97/2
Lösung, die, -en L 2, S. 18/3
Löwe, der, -n L 1, S. 9/4
Luft, die, Lüfte L 10, S. 85/9
machen L 3, S. 24/1
Mädchen, das, - L 4, S. 34/5
Mai, der L 9, S. 72/1
mal L 3, S. 27/8
malen L 3, S. 24/1
Maler, der, - L 7, S. 61/10
Malkasten, der, -kästen L 7, S. 56/1
man L 9, S. 77/11
manchmal L 12, S. 101/9
Mann, der, Männer L 4, S. 34/5
Mantel, der, Mäntel L 14, S. 112/1
Mäppchen, das, - L 7, S. 56/1
Marionette, die, -n L 10, S. 83/6
Marmelade, die, -n L 13, S. 104/1
März, der L 9, S. 72/1
mäßig L 14, S. 115/6
Mathematik, die L 8, S. 67/8
Maus, die, Mäuse L 1, S. 9/4
Meer, das, -e L 9, S. 72/1
mehr L 14, S. 115/6
mein, meine L 4, S. 33/4
meist L 14, S. 115/6
Mensch, der, -en L 11, S. 93/8
Menü, das, -s L 13, S. 111/Comic
Meter (m), der, - L 10, S. 85/9
mich L 13, S. 107/6
Miete, die, -n L 6, S. 53/8
Mikroskop, das, -e L 1, S. 11/10
Milch, die L 13, S. 104/1
Milchprodukt, das, -e L 13, S. 104/1
mir L 13, S. 105/2
mischen L 12, S. 96/1
mit L 7, S. 63/Comic
mitfahren L 10, S. 85/9
Mitfahrer, der, - L 10, S. 85/9
mithelfen L 10, S. 85/9
mitkommen L 10, S. 82/5
mitmachen L 12, S. 101/9
mitnehmen L 12, S. 97/2
Mittag, der, -e L 8, S. 66/6
mittags L 8, S. 66/6
Mitte, die, -n L 14, S. 112/8
Mittelmeer, das L 14, S. 117/9
Mittwoch, der, -e L 8, S. 64/1
möcht- L 6, S. 53/8
mögen L 13, S. 105/2
Möhre, die, -n L 13, S. 104/1
Monat, der, -e L 9, S. 74/5
Monster, das, - L 13, S. 107/6
Montag, der, -e L 8, S. 64/1
morgen L 10, S. 87/Comic
Morgen, der, - L 2, S. 16/1
morgens L 8, S. 66/6

Möwe, die, -n L 1, S. 9/4
Mücke, die, -n L 1, S. 9/4
Museum, das, Museen L 10, S. 84/8
Musik, die L 1, S. 11/10
Musiker, der, - L 1, S. 11/10
müssen L 13, S. 108/7
Mutter, die, Mütter L 4, S. 32/1
Muttertag, der, -e L 9, S. 77/10
Mütze, die, -n L 13, S. 108/7
nach (Zeit) L 9, S. 74/5
nach (Richtung) L 10, S. 80/2
nach Hause L 8, S. 66/6
Nachmittag, der, -e L 8, S. 66/6
nachmittags L 8, S. 66/6
Nachspeise, die, -n L 13, S. 111/Comic
nächster, nächstes, nächste L 10, S. 87/Comic
Nacht, die, Nächte L 2, S. 17/1
nachts L 14, S. 115/6
na gut L 9, S. 75/8
Nahrungsmittel, das, - L 13, S. 105/3
na klar L 9, S. 75/8
Name, der, -n L 10, S. 85/9
Nase, die, -n L 11, S. 93/8
Nashorn, das, -hörner L 11, S. 88/1
Natur, die L 11, S. 92/5
neben L 12, S. 99/6
nehmen L 12, S. 96/1
nein L 2, S. 21/9
neu L 6, S. 50/3
neun L 3, S. 25/4
neunzig L 5, S. 42/5
nicht L 5, S. 42/7
nichts L 9, S. 75/8
nie L 8, S. 64/1
noch L 9, S. 75/8
Norden, der L 14, S. 115/6
Nordsee, die L 14, S. 113/2
November, der L 9, S. 72/1
null L 3, S. 26/6
Nummer, die, -n L 3, S. 25/4
nun L 9, S. 75/8
nur L 7, S. 63/Comic
oben L 10, S. 85/9
Obst, das L 13, S. 104/1
oder L 3, S. 27/9
Ofen, der, Öfen L 13, S. 109/8
öffnen L 11, S. 93/8
oft L 4, S. 37/12
Ohr, das -en L 11, S. 93/8
okay L 9, S. 75/8
Oktober, der L 9, S. 72/1
Oma, die, -s L 4, S. 32/1
Onkel, der, - L 4, S. 32/1
Online-Video-Konferenz, die, -en L 12, S. 101/9
Opa, der, -s L 4, S. 32/1
orange L 7, S. 56/3
Orange, die, -n L 10, S. 84/7
Orangensaft, der, -säfte L 13, S. 106/4
Orchester, das, - L 7, S. 61/10
Ordner, der, - L 7, S. 56/1
Osten, der L 14, S. 115/6
Osterei, das, -er L 9, S. 77/11
Osterhase, der, -n L 9, S. 77/11
Ostern, das, - L 9, S. 72/1
Österreich L 5, S. 40/1
Ostsee, die L 14, S. 113/2
Papagei, der, -en L 1, S. 9/4
Papier, das, -e L 7, S. 56/1
Pappe, die, -n L 12, S. 96/1
Park, der, -s L 9, S. 72/1
Parkplatz, der, -plätze L 14, S. 117/9
Party, die, -s L 3, S. 27/8
Pension, die, -en L 14, S. 117/9
Person, die, -en L 5, S. 47/Comic
Pfeffer, der L 12, S. 96/1
Pferd, das, -e L 1, S. 10/7
Pferde-Nummer, die, -n L 12, S. 98/5
Pflanze, die, -n L 11, S. 88/1
pflegen L 12, S. 101/9
pflücken L 10, S. 83/6
Piano, das, -s L 1, S. 11/10
Pilot, der, -en L 10, S. 85/9
Pinguin, der, -e L 11, S. 89/2
Pinsel, der, - L 7, S. 56/1
Pirat, der, -en L 5, S. 44/9
Pizza, die, -s L 6, S. 49/1
Plastiklöffel, der, - L 12, S. 96/1
Platz, der, Plätze L 5, S. 45/10
Platz haben L 11, S. 92/5
plötzlich L 12, S. 103/Comic
Pokalspiel, das, -e L 10, S. 83/6
Postkarte, die, -n L 12, S. 96/1
prima L 2, S. 22/11
pro L 11, S. 93/8
Probe, die, -n L 12, S. 99/6
Problem, das, -e L 7, S. 63/Comic
Programm, das, -e L 14, S. 114/4
Pudding, der, -s L 13, S. 111/Comic
Pullover, der, - L 14, S. 112/1
pünktlich L 10, S. 87/Comic
Puzzle, das, -s L 4, S. 36/10
Qualle, die, -n L 1, S. 10/7
Quatsch, der L 2, S. 23/15
Quiz, das, - L 13, S. 109/7
Radiergummi, der, -s L 7, S. 56/1
Radio, das, -s L 1, S. 11/10
Radtour, die, -en L 14, S. 116/7
Rap, der, -s L 2, S. 20/7
raten L 3, S. 27/8
Rätsel, das, - L 7, S. 58/6
rauchen L 11, S. 90/3
rausgehen L 12, S. 97/3
rechnen L 8, S. 66/6
rechts L 14, S. 116/8
Regal, das, -e L 6, S. 52/6
Regen, der L 14, S. 115/6
Regenschauer, der, - L 14, S. 115/6
regnen L 14, S. 114/5
reiben L 12, S. 96/1
Reis, der L 10, S. 84/7
Reise, die, -n L 10, S. 84/7
reisen L 14, S. 113/3
reiten L 3, S. 24/1
Religion, die, -en L 8, S. 67/8
reparieren L 8, S. 64/1
Restaurant, das, -s L 13, S. 107/6
richtig L 3, S. 27/8
Robbe, die, -n L 11, S. 88/1
robben L 11, S. 88/1
Rock, der, Röcke L 14, S. 112/1
Rockband, die, -s L 10, S. 83/6
rollen L 13, S. 108/7
rosa L 7, S. 56/3
Rose, die, -n L 10, S. 83/6
rot L 7, S. 56/3
Rucksack, der, -säcke L 14, S. 112/1
rufen L 9, S. 77/11
Ruhe, die L 12, S. 97/2
rund L 7, S. 57/4

suchen L 6, S. 53/8
Süden, der L 14, S. 115/6
super L 11, S. 95/Comic
Suppe, die, -n L 8, S. 64/1
süß L 13, S. 105/3
Tafel, die, -n L 10, S. 87/Comic
Tag, der, -e L 2, S. 16/1
Tagesplan, der, -pläne L 8, S. 66/6
Tante, die, -n L 4, S. 32/1
Tanz, der, Tänze L 7, S. 61/10
tanzen L 3, S. 24/1
Tänzer, der, - L 4, S. 37/12
Tänzerin, die, -nen L 4, S. 37/12
Tasche, die, -n L 14, S. 119/Comic
Tasse, die, -n L 12, S. 96/1
tauchen L 11, S. 88/1
tausend L 10, S. 84/7
Taxi, das, -s L 1, S. 11/10
Teddy, der, -s L 1, S. 10/7
Tee, der L 10, S. 84/7
Teig, der, -e L 13, S. 108/7
teils L 14, S. 115/6
Telefon, das, -e L 1, S. 11/10
telefonieren L 3, S. 27/8
Teller, der, - L 12, S. 96/1
Tennis, das L 1, S. 11/10
Tennisball, der, -bälle L 4, S. 34/6
Teppich, der, -e L 6, S. 52/6
Terrasse, die, -n L 14, S. 117/9
Text, der, -e L 8, S. 70/13
Theater, das, - L 10, S. 82/4
Thema, das, Themen L 7, S. 61/10
tief L 11, S. 95/Comic
Tier, das, -e L 9, S. 76/9
Tierbaby, das, -s L 11, S. 92/5
Tierbuch, das, -bücher L 11, S. 90/3
Tierlexikon, das, -lexika L 11, S. 88/1
Tiger, der, - L 11, S. 88/1
Tisch, der, -e L 6, S. 49/1
Tochter, die, Töchter L 4, S. 32/1
toll L 6, S. 52/6
Tomate, die, -n L 13, S. 104/1
Tomatensuppe, die, -n L 10, S. 86/10
Torte, die, -n L 6, S. 55/Comic
total (ganz) L 6, S. 55/Comic
töten L 11, S. 93/8
Tourist, der, -en L 1, S. 11/10
tragen L 9, S. 77/11
Treppe, die, -n L 14, S. 117/9
Trick, der, -s L 12, S. 103/Comic
trinken L 6, S. 49/1
Trinken, das L 13, S. 104/1
trocken L 14, S. 115/6
tschüs L 2, S. 17/1
T-Shirt, das, -s L 14, S. 112/1
Tür, die, -en L 11, S. 93/8
Türkei, die L 14, S. 118/11
Turnzeug, das L 7, S. 56/1
Tüte, die, -n L 14, S. 119/Comic
üben L 7, S. 61/10
über L 10, S. 83/6
über (mehr als) L 6, S. 50/3
überall L 12, S. 98/4
Überschrift, die, -en L 12, S. 101/9
Uhr, die, -en L 6, S. 52/6
Uhrzeit, die, -en L 10, S. 80/1
um L 10, S. 80/2
um (etwa) L 14, S. 115/6
umdrehen L 12, S. 96/1
und L 2, S. 20/7
ungefähr L 12, S. 101/9
uns L 13, S. 107/6
unser, unsere L 14, S. 114/4
unten L 14, S. 117/9
unter L 12, S. 99/7
Unterricht, der L 9, S. 79/Comic
unterwegs L 10, S. 84/7
Vater, der, Väter L 4, S. 32/1
verabredet L 10, S. 87/Comic
Veranstaltung, die, -en L 10, S. 83/6
Veranstaltungskalender, der, - L 10, S. 83/6
verboten L 11, S. 93/8
vereinzelt L 14, S. 115/6
verrückt L 6, S. 55/Comic
Versteck, das, -e L 11, S. 92/5
verstecken L 9, S. 77/11
Video, das, -s L 10, S. 83/6
viel L 10, S. 80/1
viele (Pl.) L 4, S. 37/12
vier L 3, S. 25/4
vierzig L 5, S. 42/5
Viertel, das, - L 10, S. 80/1
Violine, die, -n L 1, S. 11/10
Vitamin, das, -e L 13, S. 111/Comic
Vogel, der, Vögel L 1, S. 10/7
vom L 9, S. 77/11
von L 4, S. 33/3
vor L 9, S. 74/5
Vorbereitung, die, -en L 10, S. 85/9
vorlesen L 8, S. 66/6
Vormittag, der, -e L 8, S. 66/6
vormittags L 8, S. 66/6
vorn L 5, S. 45/10
vorsichtig L 12, S. 96/1
vorsprechen L 12, S. 103/Comic
Vorstellung, die, -en L 12, S. 98/4
Wagen, der, - L 12, S. 99/6
Wald, der, Wälder L 1, S. 10/9
wandern L 14, S. 116/7
wann L 8, S. 65/5
war → sein L 10, S. 84/7
warm L 14, S. 114/5
was L 3, S. 24/2
Wasser, das L 1, S. 10/9
Wasserhahn, der, -hähne L 11, S. 93/8
wechselnd L 14, S. 115/6
wegziehen L 12, S. 96/1
Weihnachten, das, - L 9, S. 72/1
Weihnachtsbaum, der, -bäume L 9, S. 77/11
Weintrauben, die (Pl.) L 13, S. 104/1
weiß L 7, S. 56/3
welcher, welches, welche L 13, S. 105/3
Welt, die L 6, S. 50/3
wen L 9, S. 75/8
wenig L 14, S. 115/6
wenn L 14, S. 117/9
wer L 2, S. 20/7
werden L 4, S. 37/12
Westen, der L 14, S. 115/6
Wetter, das L 14, S. 114/4
Wetterbericht, der, -e L 14, S. 114/5
Wettervorhersage, die, -n L 14, S. 115/6
wie L 2, S. 20/7
wie (Vergleich) L 10, S. 83/6
Wie bitte? L 10, S. 80/2
wieder L 4, S. 39/Comic
Wie geht's? → gehen L 2, S. 22/11
wie lange L 10, S. 86/11
wie viel L 10, S. 80/1

Quellennachweis

- Seite 18 und 19: Foto Florian: Gerhard Krebs, Düsseldorf
- Seite 26: Foto Kissenschlacht: Velissarios Voutsas, Athen
- Seite 28: Fotos Till und Martin: KED
- Seite 35: Foto 5: Eike Fuhrmann, Helsinki
- Seite 40: Fotos: KED
- Seite 68: Jeder singt so gut er kann, aus: Steindl, Michael/Wimmer, Gertrud u.a.: Bilinguale Materialien für den Unterricht mit Ausländerkindern. Mathematik 2: Ordinalzahlen, S. 2. Herausgegeben vom FWU Institut für Film und Bild in Wissenschaft und Unterricht, Grünwald 1982
- Seite 88: Foto Krokodil: Corel Corporation
- Seite 101: Foto: Werner Gabriel, Rheinische Post vom 12.01.2002, Nr. 10 (6594)
- S. 113: Foto Schwarzwald: Tourismus Südlicher Schwarzwald, Waldshut-Tiengen; Foto Ostsee: Tourismuszentrale Rügen GmbH, Bergen
- S. 117: Foto Junge: KED
- S. 117: Foto 1: Gästehaus Selhofer, Foto 2: Gästehaus Alpenstern, Foto 3: Haus am Forst, Foto 4: Gästehaus München, Foto 5: Haus Alpenblume, Verkehrsamt Schönau am Königssee

Alle übrigen Fotos: Andreas Douvitsas, Hamburg; Jutta Douvitsas und Karl-Heinz Härtel, Müllrose; Eleftherios und Sigrid Xanthos, Athen

Alle Zeichnungen: Eleftherios Xanthos, Athen

Trotz intensiver Bemühungen konnten nicht alle Rechteinhaber ermittelt werden.
Für entsprechende Hinweise ist der Verlag dankbar.